Tributação
sobre renda

volume 1

Central de Qualidade — FGV Management

ouvidoria@fgv.br

SÉRIE DIREITO TRIBUTÁRIO

Tributação sobre renda

volume 1

Joaquim Falcão
Sérgio Guerra
Rafael Almeida

Organizadores

Copyright © 2016 Joaquim Falcão; Sérgio Guerra; Rafael Almeida

Direitos desta edição reservados à
EDITORA FGV
Rua Jornalista Orlando Dantas, 37
22231-010 | Rio de Janeiro, RJ | Brasil
Tels.: 0800-021-7777 | 21-3799-4427
Fax: 21-3799-4430
editora@fgv.br | pedidoseditora@fgv.br
www.fgv.br/editora

Impresso no Brasil / *Printed in Brazil*

Todos os direitos reservados. A reprodução não autorizada desta publicação, no todo
ou em parte, constitui violação do copyright (Lei nº 9.610/98).

Os conceitos emitidos neste livro são de inteira responsabilidade dos autores.

1ª edição — 2016

Preparação de originais: Sandra Frank
Editoração eletrônica: FA Studio
Revisão: Aleidis de Beltran | Fatima Caroni
Capa: aspecto:design

Ficha catalográfica elaborada pela
Biblioteca Mario Henrique Simonsen/FGV

Tributação sobre renda, v. 1 / Organizadores: Joaquim Falcão, Sérgio
Guerra, Rafael Almeida. — Rio de Janeiro : FGV Editora, 2016.
244 p. — (Direito tributário (FGV Management))

Publicações FGV Management.
Inclui bibliografia.
ISBN: 978-85-225-1821-0

1. Imposto de renda. 2. Direito tributário. 3. Contabilidade
tributária. I. Falcão, Joaquim, 1943- . II. Guerra, Sérgio, 1964- . III.
Almeida, Rafael. IV. Fundação Getulio Vargas. V. FGV Management. VI.
Série.

CDD — 341.39

Nossa missão é construir uma Escola de Direito referência no Brasil em carreiras públicas e direito empresarial, formando lideranças para pensar o Brasil no longo prazo e ser referência no ensino e na pesquisa jurídica para auxiliar o desenvolvimento e o avanço do país.

FGV DIREITO RIO

Sumário

Apresentação   11

Introdução   13

1 | IR – Estrutura: elemento material, elemento
      temporal, elemento espacial   15
      Roteiro de estudo   15
          Elemento material   15
          Elemento temporal   50
          Elemento espacial   57
      Questões de automonitoramento   58

2 | IR – Estrutura: elemento quantitativo, elemento
      subjetivo   59
      Roteiro de estudo   59
          Elemento quantitativo   59
          Elemento subjetivo   65
      Questões de automonitoramento   76

3 | IRPJ – Apuração do tributo: lucro presumido, lucro arbitrado, Simples, lucro real 79

Roteiro de estudo 79

Lucro presumido 80

Lucro arbitrado 84

Simples Nacional 86

Lucro real 95

Questões de automonitoramento 109

4 | IRPJ – Apuração do tributo: receitas, despesas 111

Roteiro de estudo 111

Receitas 111

Despesas 123

Questões de automonitoramento 138

5 | Contabilidade tributária. IR – Métodos de antecipação: estimativa e balancete de suspensão e redução, aproveitamento de prejuízo fiscal, registro dos saldos de despesa de IRPJ e IR diferido 139

Roteiro de estudo 139

A contabilidade tributária no IR 139

Questões de automonitoramento 166

6 | Contabilidade tributária. IR – Efeitos contábeis introduzidos pela Lei nº 12.973/2014. Análise da dedutibilidade de despesas e impactos contábeis 167

Roteiro de estudo 167

Efeitos contábeis introduzidos pela Lei nº 12.973/2014 167

Questões de automonitoramento 213

7 | Sugestões de casos geradores 215

IR – Estrutura: elemento material, elemento temporal, elemento espacial (cap. 1) 215

IR – Estrutura: elemento quantitativo, elemento subjetivo (cap. 2) 216

IRPJ – Apuração do tributo: lucro presumido, lucro arbitrado, Simples, lucro real (cap. 3) 218

IRPJ – Apuração do tributo: receitas, despesas (cap. 4) 218

Contabilidade tributária. IR – Métodos de antecipação: estimativa e balancete de suspensão e redução, aproveitamento de prejuízo fiscal, registro dos saldos de despesa de IRPJ e IR diferido (cap. 5) 219

Contabilidade tributária. IR – Efeitos contábeis introduzidos pela Lei nº 12.973/2014. Análise da dedutibilidade de despesas e impactos contábeis (cap. 6) 221

Conclusão 225

Referências 227

Organizadores 233

Colaboradores 235

Apresentação

Aliada à credibilidade de mais de meio século de excelência no ensino de economia, administração e de outras disciplinas ligadas à atuação pública e privada, a Escola de Direito do Rio de Janeiro da Fundação Getulio Vargas – FGV DIREITO RIO – iniciou suas atividades em julho de 2002. A criação dessa nova escola é uma estratégia da FGV para oferecer ao país um novo modelo de ensino jurídico capaz de formar lideranças de destaque na advocacia e nas carreiras públicas.

A FGV DIREITO RIO desenvolveu um cuidadoso plano pedagógico para seu Programa de Educação Continuada, contemplando cursos de pós-graduação e de extensão. O programa surge como valorosa resposta à crise do ensino jurídico observada no Brasil nas últimas décadas, que se expressa pela incompatibilidade entre as práticas tradicionais de ensino do direito e as demandas de uma sociedade desenvolvida.

Em seu plano, a FGV DIREITO RIO assume o papel de formar profissionais preparados para atender às reais necessidades e expectativas da sociedade brasileira em tempos de globalização. Seus cursos reforçam o comprometimento da escola em inserir no mercado profissionais de direito capazes de lidar com áreas interdisciplinares, dotados de uma visão ampla das questões jurídicas e com sólidas bases acadêmica e prática.

A Série Direito Tributário é um importante instrumento para difusão do pensamento e do tratamento dado às modernas teses e questões discutidas nas salas de aula dos cursos de MBA e de pós-graduação, focados no direito tributário, desenvolvidos pela FGV DIREITO RIO.

Dessa forma, esperamos oferecer a estudantes e advogados um material de estudo que possa efetivamente contribuir com seu cotidiano profissional.

Introdução

Este volume dedicado ao estudo de tributação sobre renda tem origem em profunda pesquisa e sistemática consolidação dos materiais de aula acerca de temas que despertam crescente interesse no meio jurídico e reclamam mais atenção dos estudiosos do direito. A intenção da Escola de Direito do Rio de Janeiro da Fundação Getulio Vargas é tratar de questões atuais sobre o tema, aliando a dogmática e a pragmática jurídicas.

A obra trata, de forma didática e clara, dos conceitos e princípios de tributação sobre renda, analisando as questões em face das condições econômicas do desenvolvimento do país e das discussões recentes sobre o processo de reforma do Estado.

O material aqui apresentado abrangerá assuntos relevantes, como:

1) IR – estrutura: elemento material, elemento temporal e elemento espacial;
2) IR – estrutura: elemento quantitativo e elemento subjetivo;
3) IRPJ – apuração do tributo: lucro presumido, lucro arbitrado, simples e lucro real;

4) IRPJ – apuração do tributo: receitas e despesas;

5) contabilidade tributária no IR – métodos de antecipação: estimativa e balancete de suspensão e redução, aproveitamento de prejuízo fiscal e registro dos saldos de despesa no IRPJ e IR diferido;

6) contabilidade tributária no IR – efeitos contábeis introduzidos pela Lei nº 12.973/2014 e análise da dedutibilidade de despesas e impactos contábeis.

Em conformidade com a metodologia da FGV DIREITO RIO, cada capítulo conta com o estudo de *leading cases* para auxiliar na compreensão dos temas. Com ênfase em casos práticos, pretendemos oferecer uma análise dinâmica e crítica das normas vigentes e sua interpretação.

Esperamos, assim, fornecer o instrumental técnico-jurídico para os profissionais com atuação ou interesse na área, visando fomentar a proposição de soluções criativas para problemas normalmente enfrentados.

1

IR – Estrutura: elemento material, elemento temporal, elemento espacial

Roteiro de estudo

Elemento material

Histórico e estrutura normativa

O imposto sobre a renda, doravante denominado simplesmente IR, foi criado no século XIX na Inglaterra, tributando ganhos de propriedade. Em 1913, o IR foi introduzido sistematicamente nos EUA (*income tax*), gravando somente o acréscimo patrimonial. Tal imposto foi configurado sob a inspiração das duas principais correntes que definiam o "conceito de renda":

1) a do acréscimo patrimonial (aquisição de disponibilidade), defendida por Haig;[1] e

---

[1] Para Haig, "a renda se torna o aumento ou o acréscimo no poder de uma pessoa para satisfazer o que ele quer em um determinado período na medida em que o poder consiste (a) em dinheiro propriamente dito, ou, (b) qualquer coisa suscetível de avaliação em termos monetários. Estabelecido de forma simplificada, a definição de renda que os

2) a teoria da fonte, defendida por Stuart John Mill.[2]

O imposto de renda, regra geral, constitui-se no primeiro pilar dos sistemas tributários contemporâneos. Torna-se o eixo central do que se conveniona denominar *tributação direta*, em contraposição a uma *tributação indireta* (IVA nos países europeus; *sales tax* nos EUA; ICMS, IPI, PIS/Cofins no Brasil). Não por outra razão, está previsto nos sistemas tributários da quase totalidade dos países, caracterizando-se pelo critério de progressividade, de forma a atender ao princípio da capacidade contributiva (*ability to pay*, *capacidad económica*).

Por sua complexidade e amplitude de sua hipótese de incidência, ao longo do século XX, o imposto de renda foi se desenvolvendo tendo por inspiração o regime de tributação nos EUA, que acabou por influenciar outros sistemas tributários, inclusive o nosso.

A principal característica dessa evolução foi a segregação cada vez mais contundente entre a tributação das pessoas físicas e jurídicas. Em decorrência, a partir do século passado, os países europeus passaram a criar tributos específicos, por exemplo, a França, que criou *L'impôt sur les sociétes*, em 1948, e a Espanha, onde até hoje coexistem o *impuesto de sociedades* e o *impuesto de renta de las personas físicas* (IS/IRPF).

---

economistas oferecem é: 'Renda é o valor monetário do acréscimo líquido do poder econômico de alguém entre dois pontos no tempo'" (HAIG, Robert Murray. The concept of income: economic and legal aspects. In: MUSGRAVE, Richard A.; SHOUP, Carl S. *Readings in the economics of taxation*. Homewood, IL: Richard D. Irwin, 1959. p. 59).

[2] A visão utilitarista de Mill sobre a noção de renda pode ser sintetizada na seguinte passagem: "Os proprietários de terra constituem a única categoria, dentre outras categorias importantes da população, que têm direito a uma parte na distribuição da produção, pelo fato de serem proprietários de uma coisa que nem ninguém mais produziu. Se houver algum outro caso de natureza similar, será facilmente compreendido uma vez que tivermos entendido a natureza e as leis da renda da terra" (MILL, John Stuart. *Princípios de economia política*. São Paulo: Abril Cultural, 1983. p. 360).

No Brasil, embora amalgamados pela previsão constitucional de um único imposto sobre "a renda e proventos de qualquer natureza" (CRFB/1988, art. 153, III), conhecido como "imposto de renda", a realidade nos mostra que a tributação sobre a renda entre pessoas físicas e jurídicas recebe tratamento normativo e principiológico bem diferenciado.

A graduação do IR das pessoas jurídicas é extremamente variável de acordo com cada país, em que pese a tributação média sobre as pessoas jurídicas rondar alíquotas em torno de 30%.

A diferença de carga tributária sobre a renda entre os países consiste em elemento desestabilizador em países fronteiriços, estimulando a competição fiscal internacional. Assim, com o intuito de evitar distorções muito acentuadas entre as cargas tributárias dos países, a Organization for Economic Co-operation and Development (OCDE) estabelece regras internacionais contra a guerra fiscal (*harmful tax competition*).

De modo igualmente a evitar a guerra fiscal internacional, bem como o fluxo de rendas auferidas em atividades ilícitas, nos últimos anos os países têm empreendido uma harmonização do tratamento contábil das empresas, de modo que os padrões contábeis possam refletir adequadamente uma tributação das rendas produzidas em cada país.

No Brasil, o IR somente foi introduzido no ordenamento jurídico pátrio por meio do art. 3º da Lei nº 4.783/1922, e tinha por fato gerador "o conjunto líquido dos rendimentos de qualquer origem", passando a ser cobrado a partir de 1924.

A partir da Emenda Constitucional nº 18/1965, editada durante o regime militar instituído nos idos de 1964, inicia-se o processo de conformação constitucional e legal, que se confirma com a edição do Código Tributário Nacional (CTN), em seu art. 43.

Apesar de o artigo se referir à expressão "aquisição de disponibilidade" como fato gerador, restou clara a adoção, pelo legislador, da tese do acréscimo patrimonial (produto do capital, do trabalho ou combinação de ambos), enquanto autêntica hipótese de incidência do IR.

Com a constitucionalização do Sistema Tributário Nacional, atribuiu-se a competência à União para cobrança do referido imposto (art. 22, IV, da CRFB/1967). A Constituição de 1988 pouco inovou no tratamento constitucional da tributação sobre a renda. Diferentemente do que ocorre em outros ordenamentos – em que consta a previsão da cobrança de tributos sobre a renda por parte de estados ou municípios[3] – permaneceu no ordenamento constitucional a atribuição exclusiva à União para tributar a renda enquanto conceito de matéria tributável (art. 153, III, da CRFB/1988).

Ipso facto, pela interação dos fluxos de renda no âmbito nacional e internacional, o IR deve ser precipuamente um tributo nacional. Do ponto de vista das finanças públicas, existem diversos mecanismos de ajuste intergovernamental, alguns, inclusive, previstos constitucionalmente, v.g. "subvenções, incentivos, auxílios a fundo perdido e créditos fiscais, estes últimos necessários às compensações entre impostos incidentes sobre a mesma base econômica",[4] sendo de se notar que o *quantum* arrecadado com a tributação do IR tem especial relevo neste contexto.

A rigor, a partilha tributária do produto da arrecadação entre os entes federados pode se dar de forma indireta – por intermédio dos fundos de participação – ou direta – pela entrega ou apropriação por transferência orçamentária dos recursos –, e os critérios para a efetivação dessa repartição de receitas estão disciplinados pelos arts. 157 *usque* 162 da CRFB/1988.

---

[3] No sistema tributário norte-americano existem quatro espécies de incidência tributária sobre os rendimentos: o federal, o estadual, o Fica e o municipal.
[4] TORRES, Ricardo Lobo. *Curso de direito financeiro e tributário*. 9. ed. atualiz. até a publicação da Emenda Constitucional nº 33, de 11/12/2001, e da Lei Complementar nº 113, de 19/9/2001. Rio de Janeiro: Renovar, 2002. p. 330.

Ao arrimo do que preceituam os comandos normativos constitucionais que cuidam da repartição das receitas tributárias, é possível depreender, entre as que se dão de forma direta e especificamente com relação ao IR, que pertence aos estados e aos municípios o total da arrecadação do imposto de renda retido na fonte, sobre rendimentos pagos, a qualquer título, por eles, suas autarquias e pelas fundações que instituírem e mantiverem (arts. 157, I, e 158, I, da CRFB/1988).

Nesse contexto, e apesar de a tributação sobre a renda – tanto das pessoas físicas quanto jurídicas – estar dispersa na legislação, a estrutura normativa do imposto de renda no Brasil está ancorada:

1) na Constituição Federal de 1988, art. 153;
2) no Código Tributário Nacional, arts. 43 a 45;
3) no Regulamento do Imposto de Renda, aprovado pelo Decreto nº 3.000/1999.

A Constituição da República de 1988, em seu art. 153, § 2º, determina ainda que o IR atenderá aos princípios da *generalidade*, da *universalidade* e da *progressividade* que, de acordo com o que sustentam Luiz Emygdio F. da Rosa Jr.[5] e Ricardo Lobo Torres,[6] cuidam de subprincípios da capacidade contributiva.

No que tange ao *princípio da generalidade*, este diz respeito à abrangência dos sujeitos passivos, no sentido de que todos aqueles indivíduos que aufiram renda irão se submeter à imposição tributária, sem privilégios ou discriminações. De acordo com entendimento de Aliomar Baleeiro,[7] "a generalidade é pressuposto da igualdade, porque proíbe ao legislador manter

---

[5] ROSA JR., Luiz Emygdio F. da. *Manual de direito financeiro e direito tributário*. 18 ed. rev. e atualiz. Rio de Janeiro: Renovar, 2005. p. 873.
[6] TORRES, Ricardo Lobo. *Curso de direito financeiro e tributário*, 2002, op. cit., p. 340.
[7] BALEEIRO, Aliomar. *Uma introdução à ciência das finanças*. 12. ed. Rio de Janeiro: Forense, 1978. p. 293.

fora do âmbito de incidência da norma pessoas que demonstrem ter a mesma capacidade econômica dos contribuintes sujeitados ao imposto".

Luiz Emygdio F. da Rosa Jr.,[8] sobre o tema afeto a essa expressão do princípio da igualdade ínsita no critério da generalidade do IR, afirma:

> Entretanto, isso não significa que todos devem pagar tributos de maneira ampla, uma vez que a obrigação de contribuir para os cofres do Estado diz respeito somente àqueles que têm capacidade econômica para fazê-lo. Essa é a razão pela qual a lei estabelece isenções tributárias, especialmente para que o tributo não alcance aquele mínimo de renda necessária à sobrevivência digna do ser humano. O princípio da generalidade do imposto visa, portanto, a permitir que a carga tributária, diluindo-se pelo maior número possível dos que estão submetidos ao poder do Estado, seja mais suave, e, portanto, o imposto seja mais justo. [...] Assim, generalidade significa tratamento igual para indivíduos iguais e não para todos os indivíduos indistintamente.

Ainda sobre o princípio em questão, destaque-se julgado do STF que corrobora a isonomia por ele traduzida:

> EMENTA: RECURSO EXTRAORDINÁRIO. CONSTITUCIONAL. TRIBUTÁRIO. REMUNERAÇÃO DE MAGISTRADOS. IMPOSTO DE RENDA SOBRE A VERBA DE REPRESENTAÇÃO. ISENÇÃO. SUPERVENIÊNCIA DA PROMULGAÇÃO DA CONSTITUIÇÃO FEDERAL DE 1988. ISONOMIA TRI-

---

[8] ROSA JR., Luiz Emygdio F. da. *Manual de direito financeiro e direito tributário*, 2005, op. cit., p. 876.

BUTÁRIA. INSUBSISTÊNCIA DO BENEFÍCIO. 1. O artigo 150, inciso II, da Constituição Federal, consagrou o princípio da isonomia tributária, que impede a diferença de tratamento entre contribuintes em situação equivalente, vedando qualquer distinção em razão do trabalho, cargo ou função exercidos. 2. *Remuneração de magistrados. Isenção do imposto de renda incidente sobre a verba de representação, autorizada pelo Decreto-lei 2.019/83.* Superveniência da Carta Federal de 1988 e aplicação incontinenti dos seus artigos 95, III, 150, II, em face do que dispõe o § 1º do artigo 34 do ADCT-CF/88. *Consequência: Revogação tácita, com efeitos imediatos, da benesse tributária.* Recurso extraordinário não conhecido.[9]

O *princípio da universalidade*, adverte Mary Elbe G. Queiroz Maia,[10] não deve ser confundido com o da generalidade, tomando-se tais palavras como sinônimas, no sentido de traduzirem a incidência sobre o todo, sobre uma totalidade; há, necessariamente, que estabelecer distinções, e nesse contexto:

> O significado que melhor se ajusta à universalidade é distinto daquele considerado para a generalidade, tendo em vista que o legislador constitucional adotou os dois como princípios diversos. A universalidade, em consideração à significação pragmática e ao uso comum, inclusive no direito comparado, deve ser entendida como alcançando todas as rendas e proventos das pessoas, considerados como espécies do gênero renda.

---

[9] BRASIL. Supremo Tribunal Federal. RE nº 236.881/RS. Relator: ministro Maurício Corrêa. Segunda Turma. Julgamento em 5 de fevereiro de 2002. *DJ*, 26 abr. 2002, grifos nossos.

[10] MAIA, Mary Elbe G. Queiroz. *Imposto sobre a renda e proventos de qualquer natureza*: princípios, conceitos, regra-matriz de incidência, mínimo existencial, retenção na fonte, renda transnacional, lançamento, apreciações críticas. São Paulo: Manole, 2004. p. 35-36.

A renda deverá ser visualizada englobadamente como o conjunto percebido, a fim de se poder aferir o verdadeiro acréscimo patrimonial obtido pelo contribuinte.

Destarte, o princípio da universalidade se manifesta no âmbito do IR na medida em que o referido tributo incide sobre todos os rendimentos, independentemente de sua denominação ou natureza jurídica. Ou seja, gravará todas as rendas, de todas as pessoas, ressalvadas as hipóteses em que o interesse público ou outro princípio de matriz constitucional, como o da capacidade contributiva (v.g. isenção concedida aos contribuintes de baixa renda), justificar um tratamento diferenciado.[11]

Nesse sentido, é importante transcrever ementa decorrente da aplicação do princípio da universalidade em julgamento que determinou a inclusão do crédito-prêmio de IPI na base de cálculo do IR:

> TRIBUTÁRIO. RECURSO ESPECIAL. IMPOSTO DE RENDA. BASE DE CÁLCULO. CRÉDITO PRÊMIO DE IPI. INCIDÊNCIA.
> 1. Não se controverte a incidência do Imposto de Renda – IR – sobre o próprio crédito-prêmio, mas se o benefício, ao reduzir o prejuízo, aumentando indiretamente o resultado da empresa, repercute na base de cálculo desse imposto.
> 2. O IR, amparado no *princípio da universalidade* (art. 153, § 2º, I, da CF), incide sobre a *totalidade do resultado positivo da empresa*, observadas as adições e subtrações autorizadas por lei (art. 154 do RIR de 1980, vigente à época dos fatos).
> 3. *Todo benefício fiscal, relativo a qualquer tributo, ao diminuir a carga tributária, acaba, indiretamente, majorando o lucro da*

---

[11] LEONETTI, Carlos Araújo. *O imposto de renda como instrumento de justiça social no Brasil*. São Paulo: Manole, 2003. p. 57.

empresa e, consequentemente, impacta na base de cálculo do IR. Em todas essas situações, esse imposto está incidindo sobre o lucro da empresa, que é, direta ou indiretamente, influenciado por todas as receitas, créditos, benefícios, despesas etc.
4. Dessarte, deve ser referendada a autuação fiscal, já que o *crédito-prêmio de IPI, como inegável acréscimo patrimonial que é, e não havendo autorização expressa de dedução ou subtração, deve compor a base de cálculo do Imposto de Renda.*
5. Recurso especial conhecido em parte e provido.[12]

Por seu turno, o *princípio da progressividade*[13] "veio a substituir o imposto proporcional, fazendo com que a incidência aumente na medida em que cresça a quantidade da matéria imponível detida pelo contribuinte, sendo tal sistema consequência da teoria econômica da utilidade marginal".[14]

Ainda no que tange à progressividade, tem-se que ela se revela, em relação ao IR,

> mediante a incidência gradativa, em percentual maior e, pretensamente, de modo progressivo, à medida que se dá o correspondente aumento da base de cálculo do imposto ou acréscimo patrimonial. A progressividade, como forma de aferição da capacidade contributiva, em razão da pessoalidade, é executada por meio da fixação de alíquotas que variam, em ordem crescente, de acordo com o aumento das respectivas bases de cálculo e em decorrência do aumento da capacidade contributiva.[15]

---

[12] BRASIL. Superior Tribunal de Justiça. REsp nº 957.153/PE. Relator: ministro Castro Meira. Segunda Turma. Julgamento em 4 de outubro de 2012. *DJe*, 15 mar. 2013, grifos nossos.
[13] ROSA JR., Luiz Emygdio F. da. *Manual de direito financeiro e direito tributário*, 2005, op. cit., p. 874.
[14] Sobre o exemplo de como se materializa esta sistemática, consultar: ROSA JR., Luiz Emygdio F. da. *Manual de direito financeiro e direito tributário*, 2005, op. cit., p. 874-875.
[15] MAIA, Mary Elbe G. Queiroz. *Imposto sobre a renda e proventos de qualquer natureza*, 2004, op. cit., p. 33.

Há que se dizer que o STJ já teve a oportunidade de se manifestar sobre a progressividade e sua aplicação na verificação da capacidade contributiva, *in verbis*:

> TRIBUTÁRIO. IMPOSTO DE RENDA. CORREÇÃO MONETÁRIA DAS TABELAS. ACÓRDÃO FUNDADO EM INTERPRETAÇÃO DE MATÉRIA CONSTITUCIONAL. IMPROPRIEDADE DA VIA ELEITA. Assentando o acórdão que "4. A aplicação da correção monetária em matéria fiscal depende de lei, não podendo o Poder Judiciário substituir-se ao Legislativo para determinar a atualização das tabelas do Imposto de Renda pela variação da UFIR. 5. Inexistência de ofensa aos princípios da Capacidade Contributiva e da Vedação ao Confisco, pois *a progressividade das alíquotas permite verificar a capacidade de cada um segundo a renda e haveres, ajustando o imposto a cada contribuinte*. 6. Não há, da mesma forma, qualquer elemento discricionário, pois a lei trata do mesmo modo os contribuintes que possuem renda idêntica, afastando a alegação de violação dos princípios da Igualdade e Isonomia" revela-se *manifesta a apreciação do tema sob ângulo constitucional*.[16]

O STF, por sua vez, ao analisar a correção monetária do imposto em questão e de sua restituição, entendeu que do ajuste anual não decorreria um novo fato gerador da obrigação tributária, como se passa a observar:

> AÇÃO DIRETA DE INCONSTITUCIONALIDADE, LEI N. 8.134/90 E MANUAL PARA O PREENCHIMENTO DA DECLARAÇÃO DO IMPOSTO DE RENDA, PESSOA FÍSICA,

---

[16] BRASIL. Superior Tribunal de Justiça. REsp nº 590.609/DF. Relator: ministro Luiz Fux. Primeira Turma. Julgamento em 11 de maio de 2004. *DJ*, 31 maio 2004, grifos nossos.

ANO-BASE 1990, EXERCÍCIO 1991, NO PONTO RELATIVO ÀS INSTRUÇÕES SOBRE A *APLICAÇÃO DO COEFICIENTE DE CORREÇÃO MONETÁRIA DO IMPOSTO E DE SUA RESTI-TUIÇÃO.*

[...]

III. *O ULTERIOR ACERTO DE CRÉDITOS E DÉBITOS NÃO É UM NOVO FATO GERADOR DE OBRIGAÇÃO TRIBUTÁRIA, MAS EXPEDIENTE DESTINADO A PERMITIR A APLICAÇÃO DA REGRA DE PROGRESSIVIDADE DO IMPOSTO DIRETO.*[17]

Roque Antônio Carrazza acrescenta, ainda, sobre a submissão do IR aos princípios da generalidade, universalidade e da progressividade, que

> em decorrência destes critérios e princípios, o imposto sobre a renda não comporta tributação em operações isoladas que possam ser praticadas pelo contribuinte. Dito de outro modo, não pode levar em conta senão a *totalidade dos resultados de suas atividades*, quer se traduzam em aplicações financeiras, quer decorram de outros desempenhos, operacionais ou não, que o contribuinte venha a realizar.[18]

Conceito de renda. Rendimentos, proventos e ganho de capital

Antes de passarmos ao conceito de renda enquanto elemento material do IR, cabe tecer alguns comentários quanto à sua classificação. Embora a utilização de uma classificação do

---

[17] BRASIL. Supremo Tribunal Federal. ADI nº 513. Relator: ministro Célio Borja. Tribunal Pleno. Julgamento em 14 de junho de 1991. *DJ*, 30 out. 1992, grifos nossos.

[18] CARRAZZA, Roque Antônio. *Curso de direito constitucional tributário.* 19. ed. rev. ampl. e atualiz. até a Emenda Constitucional nº 39/2002. 2. tir. São Paulo: Malheiros, 2003. p. 102, nota 69, grifo nosso.

IR, dentro da tipologia dos demais tributos, esteja ultrapassada nos dias atuais, é importante mencionar alguns atributos próprios do IR.

O primeiro desses é que o IR é um tributo direto, no sentido de que seu encargo é absorvido diretamente pelo contribuinte de direito. Insere-se dentro da classificação acima mencionada, segundo a qual um tributo é direto (v.g. IR, IPTU) ou é indireto (ICMS, ISS, PIS/Cofins) em virtude da possibilidade ou não de translação do respectivo encargo ao adquirente de bens e serviços.

O atributo *supra* restou notoriamente ratificado pela jurisprudência do STJ, como se vislumbra nos julgados colacionados adiante, em que se consolida a desnecessidade da prova de repasse do encargo financeiro do IR.

> 2 - TRATANDO-SE DE TRIBUTO DIRETO, CALCULADO SOBRE A GENERALIDADE DOS NEGÓCIOS REALIZADOS, *INVIÁVEL A PROVA DO REPASSE AO CONTRIBUINTE DADA A PRESUNÇÃO DE SUA INOCORRÊNCIA POR SER INTRANSFERÍVEL O IMPOSTO DE RENDA.*[19]
>
> PROCESSUAL CIVIL E TRIBUTÁRIO. PRECLUSÃO. ALEGAÇÃO DE VIOLAÇÃO A PRECEITOS DO CÓDIGO DE PROCESSO CIVIL QUE NÃO FORAM PREQUESTIONADOS. INTELIGÊNCIA DAS SÚMULAS 282 E 356, DO STF. *ADICIONAL DE IMPOSTO DE RENDA. REPETIÇÃO DE INDÉBITO. REPASSE. PROVA. DESNECESSIDADE. INAPLICABILIDADE DO ART. 166, DO CTN.* CONTRIBUINTE × RESPONSÁVEL TRIBUTÁRIO.
> [...]

---

[19] BRASIL. Superior Tribunal de Justiça. AgRg no Ag nº 121.318/RS. Relator: ministro Peçanha Martins. Segunda Turma. Julgamento em 3 de abril de 1997. *DJ*, 5 maio 1997.

2 - *A Primeira Seção do Superior Tribunal de Justiça, em sede de embargos de divergência, pacificou o entendimento para acolher a tese de que o art. 166 do CTN é inaplicável ao Adicional de Imposto de Renda, por tratar-se de imposto direto, independendo da prova do repasse ou não ao contribuinte de fato.*[20]

De uma ótica subjetiva, o imposto de renda é um imposto pessoal. Segundo Aliomar Baleeiro,[21] impostos pessoais ou subjetivos são aqueles graduados em seu aspecto quantitativo e em outros aspectos, levando-se em consideração as condições individuais do contribuinte, de acordo com sua capacidade contributiva.[22]

Mary Elbe G. Queiroz Maia,[23] por sua vez, esclarece:

> Pessoalidade pode ser visualizada como: i) o que é relativo à pessoa, ser pensante; ou ii) revela a personalidade e o caráter particular ou original que distingue e identifica alguém individualizadamente.
>
> No tocante aos tributos, a pessoalidade manifesta-se por meio da observância do primado na fixação das exações, quando considera as condições e características pessoais daqueles a quem, por haverem realizado fatos geradores, a lei incumbe o ônus de cumprir com a respectiva obrigação tributária.

Diferencia-se, portanto, dos impostos reais ou objetivos, isto é, daqueles que consideram unicamente a matéria tribu-

---

[20] BRASIL. Superior Tribunal de Justiça. REsp nº 284.084/SP. Relator: ministro José Delgado. Primeira Turma. Julgamento em 5 de fevereiro de 2002. *DJ*, 25 mar. 2002, grifos nossos.
[21] BALEEIRO, Aliomar. *Uma introdução à ciência das finanças*, 1978, op. cit., p. 282.
[22] Sobre a importância, para fins hermenêuticos, da distinção entre impostos reais e pessoais, consultar: ATALIBA, Geraldo. *Hipótese de incidência tributária*. 6. ed., 3. tir. São Paulo: Malheiros, 2002. p. 142.
[23] MAIA, Mary Elbe G. Queiroz. *Imposto sobre a renda e proventos de qualquer natureza*, 2004, op. cit., p. 33.

tável, com inteira abstração das condições personalíssimas de cada contribuinte. Assim, o legislador, atento ao fato gerador e à base de cálculo, não considera determinadas circunstâncias que poderiam revelar a capacidade contributiva.

Do ponto de vista de sua funcionalidade arrecadatória, o imposto de renda é tido, também, como um imposto fiscal, mas pode, em algumas situações, como a exemplo de outros tributos, caracterizar-se como um imposto extrafiscal.

A referida classificação é feita de acordo com a função predominante que o imposto possui. Se predominantemente arrecadatória, ou seja, com fim de prover os cofres públicos com numerário suficiente para cobrir as despesas estatais, temos um imposto fiscal ou neutro. Se, ao contrário, a função arrecadatória for superada por outras funções econômicas, políticas e sociais, temos o chamado imposto extrafiscal, utilizado como instrumento de atuação do Estado na regulação econômica e política da sociedade.

Sobre o tema, Hugo de Brito Machado[24] aduz que o IR representa a principal fonte de receita tributária do país, razão pela qual tem função eminentemente fiscal. Salienta, da mesma forma, sua característica típica e relevante como instrumento de intervenção do Estado no domínio econômico:

> Com efeito, o imposto de renda é um instrumento fundamental na redistribuição das riquezas, não apenas em razão de pessoas, como também de lugares. Presta-se, outrossim, como instrumento de grande valia para incrementar o desenvolvimento econômico regional e setorial [...] Assim, pode-se afirmar que o imposto de renda, embora tenha função

---

[24] MACHADO, Hugo de Brito. *Curso de direito tributário*. 25. ed. São Paulo: Malheiros, 2004. p. 303.

predominantemente fiscal, tem também função extrafiscal altamente relevante.

Reforçando a natureza arrecadatória do imposto de renda, sem, contudo, afastar a possibilidade de tal tributo atuar com função extrafiscal, é importante a transcrição do seguinte precedente:

> 4. Qualquer imposto, direto ou indireto, pode, em maior ou menor grau, ser utilizado para atingir fim que não se resuma à arrecadação de recursos para o cofre do Estado. Ainda que o Imposto de Renda se caracterize como um tributo direto, com objetivo preponderantemente fiscal, pode o legislador dele se utilizar para a obtenção de uma finalidade extrafiscal.
> 5. Devem-se entender como "serviços hospitalares" aqueles que se vinculam às atividades desenvolvidas pelos hospitais, voltados diretamente à promoção da saúde. Em regra, mas não necessariamente, são prestados no interior do estabelecimento hospitalar, excluindo-se as simples consultas médicas, atividade que não se identifica com as prestadas no âmbito hospitalar, mas nos consultórios médicos. Precedente da Primeira Seção.
> 6. No caso, trata-se de entidade que presta serviços de fisioterapia e reabilitação. Não se está diante de simples consulta médica, mas de atividade que se insere, indubitavelmente, no conceito de "serviços hospitalares", já que demanda maquinário específico.
> 7. A redução da base de cálculo somente deve favorecer a atividade tipicamente hospitalar desempenhada pela recorrente, excluídas as simples consultas e atividades de cunho administrativo.
> 8. Embargos de divergência providos em parte.[25]

---

[25] BRASIL. Superior Tribunal de Justiça. EREsp nº 931.004/SC. Relator: ministro José Delgado. Relator para acórdão: ministro Castro Meira. Primeira Seção. Julgamento em 26 de agosto de 2009. *DJe*, 28 set. 2009.

Adentrando em seu elemento material, núcleo, ou hipótese de incidência, segundo Roque Antônio Carraza,[26] há uma noção constitucional de renda que não pode ser ignorada pelo legislador infraconstitucional. Uma visão dogmática nesse sentido dirige-se indubitavelmente à limitação do legislador ordinário em consignar situações que poderiam se distanciar da regra-matriz constitucional, posto que,[27]

> se admitirmos que o legislador federal é livre para colocar na hipótese de incidência da regra que cria *in abstracto* o IR um fato qualquer (p. ex., o recebimento de indenizações), estaremos, por igual modo, admitindo que o Congresso Nacional pode alargar a competência tributária da União, definida na Carta Suprema. Isto é juridicamente um absurdo, em face da rigidez do sistema constitucional tributário brasileiro. Em função dela, as pessoas políticas – inclusive a União –, enquanto tributam, devem permanecer dentro das fronteiras que a Constituição lhes traçou. Em suma, não é dado ao legislador ordinário federal considerar o que quiser como sendo "renda" e "proventos", sob pena de ele próprio demarcar sua competência tributária, neste campo.

Em que pese haver um conceito ontológico e constitucional de renda, a verdade é que, no Brasil, o fato gerador do Imposto de Renda é definido pelo art. 43 do CTN, o qual, apesar de críticas, se consumou como elemento norteador de nossa doutrina e jurisprudência.

Segundo o referido artigo, "renda" é o produto do capital, do trabalho ou da combinação de ambos. O produto do trabalho

---

[26] CARRAZZA, Roque Antônio. *Curso de direito constitucional tributário*, 2003, op. cit., p. 622.
[27] Ibid., p. 623.

é o salário ou a remuneração do trabalhador, empregado ou autônomo, ou aquele organizado empresarialmente. Já o produto do capital são os juros, os rendimentos de aplicações financeiras e os ganhos de capital, que se dão, por exemplo, pela alienação de um bem por valor maior que o de aquisição.

Por sua vez, a menção feita no art. 43 à aquisição de disponibilidade[28] econômica ou jurídica ser tomada como o "fato gerador" deve ser compreendida no sentido de se tratar de elementos componentes do fato gerador, ou elemento material da tributação sobre a renda.

Com efeito, a existência ou não de "renda" pressupõe a ocorrência de "fatos acréscimos e fatos decréscimos", como disponibilidades e gastos e/ou despesas isoladamente consideradas, as quais somadas e deduzidas formariam, ao final de um período (anual), o acréscimo ou decréscimo patrimonial. Por isso, a tributação sobre a renda só deve se perfazer quando se registre o efetivo acréscimo patrimonial e não um rendimento ou ganho isolado.[29]

---

[28] "A disponibilidade configura-se precisamente pela ausência de quaisquer obstáculos à vontade do titular da renda, ou dos proventos, quanto ao uso ou destinação destes. Se existem obstáculos a serem removidos, ainda que o titular da renda tenha o direito a esta e, portanto, a ação para havê-la, enquanto não removidos os obstáculos não haverá disponibilidade. [...] Ter-se como necessária a disponibilidade da renda ou dos proventos, aliás, é uma forma de respeitar-se o princípio da capacidade contributiva. [...] Se alguém é titular de renda, mas não tem a disponibilidade desta, evidentemente não tem como destinar parte da mesma ao pagamento do imposto. Não é razoável exigir-se que pague imposto de renda se não dispõe dos meios para fazê-lo" (MACHADO, Hugo de Brito. Disponibilidade jurídica como elemento do fato gerador do imposto de renda. *Revista Dialética de Direito Tributário*, São Paulo, n. 207, p. 60-61, dez. 2012).

[29] "Como se vê, não basta para a configuração do fato gerador do imposto de renda a ocorrência de um acréscimo patrimonial. É necessário que esse acréscimo patrimonial esteja disponível. [...] Essa hipótese de incidência, repita-se, não se concretiza com a ocorrência de um acréscimo patrimonial. É preciso que esse acréscimo patrimonial esteja disponível para o titular do patrimônio. E, na verdade, a renda não se confunde com sua disponibilidade. Pode haver renda, mas esta não estar disponível para seu titular. O fato gerador do imposto de que se cuida não é a renda mas a aquisição da

Dispõe ainda o art. 43 sobre a diferenciação entre disponibilidade jurídica e econômica de renda. Nesse contexto a distinção entre a aquisição de disponibilidade econômica ou jurídica estaria associada à percepção de um direito que possa ser transformado em pecúnia ou no "direito" ao seu recebimento. Aquisição de disponibilidade econômica está intimamente ligada a um regime de "caixa", isto é, aquele em que ingressa em bem ou valor economicamente apreciável (o pagamento de um aluguel no caso das pessoas físicas).[30] A aquisição de disponibilidade jurídica decorreria do direito subjetivo ao recebimento futuro de um valor ou bem economicamente apreciável, como no caso da emissão de uma fatura.[31]

Contudo, para evitar controvérsias a respeito do sem-número de situações que poderiam ser alcançadas pelo fato gerador do imposto de renda, o art. 43 do CTN, seguindo a atribuição constitucional, preceitua que o imposto incide, ainda, sobre os proventos de qualquer natureza, assim entendidos como sendo outros acréscimos patrimoniais não previstos no conceito de renda.

Diante dessa fórmula, podemos dizer que se considera "renda e proventos de qualquer natureza" o que representar um acréscimo patrimonial para o contribuinte, ou seja, tudo aquilo

---

disponibilidade da renda, ou dos proventos de qualquer natureza. Assim, não basta, para ser devedor desse imposto, o auferir renda, ou proventos. É preciso que se tenha adquirido a disponibilidade" (ibid., p. 60).

[30] "Entende-se como disponibilidade econômica a possibilidade de dispor, possibilidade de fato, material, direta, da riqueza. Possibilidade de direito e de fato, que se caracteriza pela posse livre e desembaraçada da riqueza. Configura-se pelo efetivo recebimento da renda ou dos proventos" (ibid., p. 61).

[31] "A disponibilidade jurídica configura-se pelo crédito da renda ou dos proventos. Enquanto a disponibilidade econômica corresponde ao rendimento realizado, a disponibilidade jurídica corresponde ao rendimento (ou provento) adquirido, isto é, ao qual o beneficiário tem título jurídico que lhe permite obter a respectiva realização em dinheiro (por exemplo, o juro ou o dividendo creditado)" (ibid., p. 61).

que acrescer seu patrimônio como um elemento novo e positivo, sem contraprestação no passivo.

Por tudo, se vê que o conceito de "renda" delineado pelo legislador brasileiro é dos mais amplos, procurando abarcar o maior número de situações possíveis de serem submetidas à tributação.

Indenizações

Como antes mencionado, ao lado do produto do capital, do trabalho e da combinação de ambos, o art. 43, II, engloba no conceito de renda os "proventos de qualquer natureza". Impõe, assim, uma cláusula aberta que desafia inúmeras situações em que uma simples ou mera aquisição isolada de disponibilidade possa ser gravada pelo IR.

Contudo tal premissa não pode ser assumida como absoluta se nos distanciarmos do elemento material do imposto de renda. Com isso queremos dizer que nem sempre a apuração de um haver ou um recebimento em dinheiro pode ser tido como aquisição de disponibilidade definitiva a ser tributada pelo IR.

O tema é especialmente relevante quando nos defrontamos com valores recebidos a título de indenização, na medida em que não são considerados acréscimos patrimoniais os valores recebidos a título de indenização quando visam a repor o que o contribuinte perdeu em seu patrimônio.

Por conta disso, ainda que possa existir o recebimento de um valor, este pode estar simplesmente recompondo o patrimônio moral ou material antes existente, o que não legitimaria a redução do patrimônio de uma pessoa física ou jurídica pela incidência do IR.

Nesse sentido, a jurisprudência, não por raras vezes, dispôs quanto à não incidência de IR sobre os valores recebidos a título de indenização por desapropriação – seja ela amigável ou judicial –, sobre verbas recebidas por adesão a planos de demissão incentivada e, ainda, sobre o pagamento de férias e licenças não gozadas por necessidade de serviço.[32; 33; 34; 35; 36; 37]

---

[32] BRASIL. Superior Tribunal de Justiça. Súmula nº 125: "O pagamento de férias não gozadas por necessidade do serviço não está sujeito à incidência do Imposto de Renda".
[33] BRASIL. Supremo Tribunal Federal. Pleno. Rp nº 1.260/DF. Relator: ministro Néri da Silveira. Julgamento em 13 de agosto de 1987. DJ, 18 nov. 1988.
[34] Súmula nº 39 do extinto Tribunal Federal de Recursos: "Não está sujeita ao Imposto de Renda a indenização recebida por pessoa jurídica em decorrência de desapropriação amigável ou judicial".
[35] BRASIL. Superior Tribunal de Justiça. Súmula nº 215: "A indenização recebida pela adesão a programa de incentivo à demissão voluntária não está sujeita à indenização do Imposto de Renda".
[36] BRASIL. Superior Tribunal de Justiça. Súmula nº 136: "O pagamento de licença-prêmio não gozada por necessidade do serviço não está sujeito ao imposto de renda".
[37] Recentemente, o STF vem entendendo tratar-se de discussão infraconstitucional a ensejar ofensa indireta à Constituição, motivo pelo qual não vem conhecendo de recursos extraordinários sobre a matéria, conforme se verifica no seguinte julgado: "AGRAVO REGIMENTAL EM RECURSO EXTRAORDINÁRIO. TRIBUTÁRIO. INCIDÊNCIA DE IMPOSTO DE RENDA SOBRE O TERÇO DE FÉRIAS. NATUREZA JURÍDICA DA VERBA TRABALHISTA. OFENSA INDIRETA. LEGISLAÇÃO INFRACONSTITUCIONAL. PRECEDENTES. AGRAVO IMPROVIDO. I - A jurisprudência do STF está firmada no sentido de que a discussão a respeito do caráter indenizatório ou não de verba, para fins de incidência de imposto de renda, situa-se em âmbito infraconstitucional. II - Agravo regimental improvido" (BRASIL. Supremo Tribunal Federal. RE nº 609.701 AgR/PE. Relator: ministro Ricardo Lewandowski. Primeira Turma. Julgamento em 19 de outubro de 2010. DJe, 11 nov. 2010). Por seu turno, o STJ mantém o posicionamento pela não incidência do IR em relação ao recebimento de parcelas relativas ao pagamento de férias e licenças não gozadas por necessidade de serviço: "AGRAVO REGIMENTAL EM RECURSO ESPECIAL. TRIBUTÁRIO. NÃO INCIDÊNCIA DE IR SOBRE INDENIZAÇÃO POR RENÚNCIA A PERÍODO DE ESTABILIDADE GARANTIDA POR LEI OU POR INSTRUMENTO DE NEGOCIAÇÃO COLETIVA. PRECEDENTES DA 1A. SEÇÃO: ERESP 863.244/SP, REL. MINISTRO CASTRO MEIRA, PRIMEIRA SEÇÃO, DJE 22/11/2010, AGRG NO RESP. 1.223.747/PR, REL. MIN. BENEDITO GONÇALVES, DJE 08/04/2011. AGRAVO REGIMENTAL DA FAZENDA PÚBLICA DESPROVIDO. 1. O Tribunal a quo tratou o ajuste celebrado entre o empregador e a ora Agravada como adesão a plano de demissão voluntária, para decidir pela não incidência do imposto de renda sobre o aviso prévio indenizado, a indenização recebida pela renúncia aos períodos de estabilidade, bem como sobre as férias vencidas e não gozadas e seu adicional. 2. O fato é que houve uma transação extrajudicial entre as partes em que a autora recebeu uma indenização por estar abrindo mão da garantia de estabilidade que disporia nos termos do art. 118 da Lei 8.213/1991 e cláusulas 35 3 7 do Acordo Coletivo de Trabalho celebrado nos autos de Dissídio Coletivo. 3. Nesse contexto, aplica-se a orientação sedimentada na Primeira Seção deste STJ segundo a qual não se sujeita ao Imposto de Renda a indenização pela renúncia ao período de estabilidade provisória garantida por lei ou por instrumento de negociação coletiva, nos termos dos artigos 6º, inciso V, da

Nesse diapasão, insta salientar a recente[38] edição do verbete nº 498 da súmula de jurisprudência dominante do Superior Tribunal de Justiça, nestes termos: "Não incide imposto de renda sobre a indenização por danos morais".

Lei 7.713/1988, e 39, inciso XX, do Decreto 3.000/99 (EREsp. 863.244/SP, Rel. Min. CASTRO MEIRA, DJe 22/11/2010 e AgRg no REsp. 1.223.747/PR, Rel. Min. BENEDITO GONÇALVES, DJe 08/04/2011). 4. Agravo Regimental desprovido" (BRASIL. Superior Tribunal de Justiça. AgRg no REsp nº 806.870/SP (2006/0001878-8). Relator: ministro Napoleão Nunes Maia Filho. Primeira Turma. Julgamento em 6 de março de 2012. *DJe*, 16 mar. 2012). "PROCESSUAL CIVIL E TRIBUTÁRIO. SERVIDORES PÚBLICOS APOSENTADOS. IMPOSTO DE RENDA. LICENÇA PRÊMIO NÃO GOZADA. ANTECIPAÇÃO DE TUTELA CONTRA A FAZENDA PÚBLICA. RESTABELECIMENTO DE VANTAGEM. POSSIBILIDADE. HIPÓTESE QUE NÃO SE ENQUADRA NAS EXCEÇÕES PROIBITIVAS. LEI 9.494/1997. PRESSUPOSTOS AUTORIZADORES DA CONCESSÃO DA TUTELA. REEXAME. SÚMULA 7/STJ. AUSÊNCIA DE PRÉ-QUESTIONAMENTO. SÚMULA 211/STJ. 1. Cuida-se, originariamente, de ação proposta por servidores públicos aposentados que pretendem a restituição de valores descontados a título de Imposto de Renda sobre a licença-prêmio indenizada. O Tribunal de origem acolheu o pedido de antecipação de tutela em favor dos ora agravados, por entender que os valores descontados caracterizam verba indenizatória, não se enquadrando nas vedações descritas no art. 1º da Lei 9.494/1997. 2. Não se conhece da alegada ofensa ao art. 535 do CPC quando a parte limita-se a apresentar alegações genéricas no sentido de que o Tribunal a *quo* não apreciou todas as questões levantadas, sem indicar concretamente em que consistiu a suposta omissão. Aplicação da Súmula 284/STF. 3. 'A pecúnia percebida a título de férias vencidas – simples ou proporcionais – acrescidas de 1/3, abono-assiduidade e licença-prêmio não gozadas por necessidade de serviço ou mesmo por opção do servidor não é fato gerador de imposto de renda, em virtude do caráter indenizatório dos aludidos valores.' (REsp 884.589/SP, Rel. Ministro João Otávio de Noronha, Segunda Turma, DJ de 04/12/2006). 4. O STJ entende que a antecipação de tutela em desfavor da Fazenda Pública pode ser concedida, desde que a situação não esteja inserida nas hipóteses do art. 1º da Lei 9.494/1997, que estabelece que não será concedido o provimento liminar quando este importar em reclassificação ou equiparação de servidor público, em concessão de aumento de vencimento ou em extensão de vantagens, o que não é o caso dos autos, já que se trata de restabelecimento de pagamento de parcela indevidamente descontada do contracheque dos autores. 5. A alteração do julgamento da instância ordinária, soberana na análise dos elementos fático-probatórios dos autos, acerca dos requisitos que autorizam a antecipação da tutela (art. 273 do CPC), esbarra também no óbice da Súmula 7/STJ. 6. É inadmissível Recurso Especial quanto à questão não apreciada pelo Tribunal de origem (art. 170-A do CTN), a despeito da oposição de Embargos Declaratórios. Incidência da Súmula 211/STJ. 7. Agravo Regimental não provido" (BRASIL. Superior Tribunal de Justiça. AgRg no AREsp 71789/Diogo de Figueiredo. Relator: ministro Herman Benjamin. Segunda Turma. Julgamento em 1º de março de 2012. *DJe*, 12 abr. 2012).

[38] Julgado ocorrido em 8 de agosto de 2012.

Tal entendimento sumular ensejou, entre outros,[39] os seguintes julgados:

> A verba percebida a título de dano moral tem a natureza jurídica de indenização – cujo objetivo precípuo é a reparação do sofrimento e da dor da vítima ou de seus parentes, causados pela lesão de direito, razão pela qual se torna infensa à incidência do imposto de renda, porquanto inexistente qualquer acréscimo patrimonial. [...] 3. Deveras, se a reposição patrimonial goza dessa não incidência fiscal, a fortiori, a indenização com o escopo de reparação imaterial deve subsumir-se ao mesmo regime, porquanto *ubi eadem ratio, ibi eadem legis dispositio*.[40]

A incidência de tributação deve obediência estrita ao princípio constitucional da legalidade (artigo 150, inciso I). O Código Tributário Nacional, com a autoridade de lei complementar que o caracteriza, recepcionado pela atual Carta Magna (artigo 34, parágrafo 5º, dos Atos das Disposições Constitucionais Transitórias), define o conceito de renda e o de proventos de qualquer natureza (artigo 43, incisos I e II). Não há como equiparar indenizações com renda, esta entendida como o fruto oriundo do capital e/ou do trabalho, tampouco com proventos, estes tidos como os demais acréscimos patrimoniais, uma vez que a indenização torna o patrimônio lesado indene, mas não

---

[39] BRASIL. Superior Tribunal de Justiça. AgRg no REsp nº 1.017.901/RS. Relator: ministro Francisco Falcão. Primeira Turma. Julgamento em 4 de novembro de 2008. *DJe*, 12 nov. 2008. STJ. REsp nº 686.920/RS. Relatora: ministra Eliana Calmon. Segunda Turma. Julgamento em 6 de outubro de 2009. *DJe*, 10 out. 2009. STJ. REsp nº 865.693/RS Relator: ministro Teori Albino Zavascki. Primeira Turma. Julgamento em 18 de dezembro de 2008. *DJe*, 4 fev. 2009. STJ. REsp nº 1.150.020/RS. Relatora: ministra Eliana Calmon. Segunda Turma. Julgamento em 5 de agosto de 2010. *DJe*, 17 ago. 2010. STJ. REsp nº 1.152.764/CE. Relator: ministro Luiz Fux. Primeira Seção. Julgamento em 23 de junho de 2010. *DJe*, 1 jul. 2010.
[40] BRASIL. Superior Tribunal de Justiça. AgRg no Ag nº 1.021.368/RS. Relator: ministro Luiz Fux. Primeira Turma. Julgamento em 21 de maio de 2009. *DJe*, 25 jun. 2009.

maior do que era antes da ofensa ao direito. Não verificada a hipótese de incidência do imposto de renda prevista no art. 43 do CTN. Reconhecida a alegada não incidência do tributo em debate sobre as verbas da reparação de danos morais, por sua natureza indenizatória, não há falar em rendimento tributável, o que afasta a aplicação do art. 718 do RIR/99 na espécie em comento.[41]

Especificamente sobre o conceito de renda, é relevante destacar vasta jurisprudência com maiores esclarecimentos sobre diversos temas:

1) *Conceito de renda × matéria constitucional*

> EMENTA: – Imposto de renda. Incidência na fonte sobre o pagamento de férias não gozadas por servidor estadual em virtude de necessidade do serviço. – Falta de prequestionamento da questão relativa ao artigo 153, § 2º, da Constituição. – Ausência de indicação do dispositivo constitucional que daria margem à alegada competência da Justiça Federal no caso, e dispositivo esse que teria sido violado. – Por fim, *saber se indenização é, ou não, renda, para o efeito do artigo 153, III, da Constituição é questão constitucional, como entendeu o acórdão recorrido, até porque não pode a Lei infraconstitucional definir como renda o que insitamente não o seja.* No caso, porém, ainda que se entendesse, como entende o recorrente, que o critério para caracterizar determinado valor como renda é legal, e que, no caso, teria havido ofensa ao artigo 6º da Lei 7.713/88, esse entendimento não lhe aproveitaria, porquanto o Superior Tribunal de Justiça não conheceu do recurso especial, nestes autos, no qual se alega,

---

[41] BRASIL. Superior Tribunal de Justiça. REsp nº 402.035/RN. Relator: ministro Franciulli Netto. Segunda Turma. Julgamento em 9 de março de 2004. *DJe*, 17 maio 2004.

entre outras violações, a concernente a esse dispositivo legal, e dele não conheceu por entender que "o imposto de renda não incide sobre o pagamento de férias não gozadas em razão de seu caráter indenizatório". Recurso extraordinário não conhecido.[42]

TRIBUTÁRIO. JUROS MORATÓRIOS. VERBA TRABALHISTA. IMPOSTO DE RENDA. NÃO INCIDÊNCIA. MATÉRIA CONSTITUCIONAL. IMPOSSIBILIDADE DE CONHECIMENTO.
[...]
3. *Sob pena de invasão da competência do STF, descabe analisar questão constitucional (art. 153, III, da CF) em Recurso Especial*, mesmo que para viabilizar a interposição de Recurso Extraordinário.
4. Ademais, todo o acórdão embargado, ainda que à luz da legislação infraconstitucional, trata exatamente do conceito de renda para fins de incidência do imposto federal, matéria que a União pretende ver prequestionada ao suscitar o art. 153, III, da CF.[43]

2) *Conceito de renda × STJ*

TRIBUTÁRIO. JUROS MORATÓRIOS. VERBA TRABALHISTA. IMPOSTO DE RENDA. NÃO INCIDÊNCIA. MATÉRIA CONSTITUCIONAL. IMPOSSIBILIDADE DE CONHECIMENTO.
[...]
3. *Sob pena de invasão da competência do STF, descabe analisar questão constitucional (art. 153, III, da CF) em Recurso Especial*, mesmo que para viabilizar a interposição de Recurso Extraordinário.

---

[42] BRASIL. Superior Tribunal de Justiça. RE nº 195.059/SP. Relator: ministro Moreira Alves. Primeira Turma. Julgamento em 2 de maio de 2000. *DJ*, 16 jun. 2000, grifo nosso.
[43] BRASIL. Superior Tribunal de Justiça. EDcl no AgRg no Ag nº 1.182.280/RS. Relator: ministro Herman Benjamin. Segunda Turma. Julgamento em 2 de fevereiro de 2012. *DJe*, 24 fev. 2012, grifo nosso.

4. Ademais, todo o acórdão embargado, ainda que à luz da legislação infraconstitucional, trata exatamente do conceito de renda para fins de incidência do imposto federal, matéria que a União pretende ver prequestionada ao suscitar o art. 153, III, da CF.[44]

3) *Conceito de renda × ausência da correção monetária*

1. A jurisprudência pacífica desta Corte reconhece que não têm ressonância constitucional as alegações de suposta deformação do critério material de incidência do Imposto sobre a Renda em virtude da supressão da correção monetária implementada pela Lei nº 9.249/95.
2. Não cabe ao Poder Judiciário, na ausência de previsão legal nesse sentido, autorizar a correção monetária da tabela progressiva do Imposto de Renda.[45]

4) *Exclusão da CSLL da base de cálculo do IR*

1. O valor pago a título de contribuição social sobre o lucro líquido – CSLL não perde a característica de corresponder a parte dos lucros ou da renda do contribuinte pela circunstância de ser utilizado para solver obrigação tributária.
2. *É constitucional o art. 1º e par. ún. da Lei 9.316/1996, que proíbe a dedução do valor da CSLL para fins de apuração do lucro real, base de cálculo do Imposto sobre a Renda das Pessoas Jurídicas – IRPJ.* Recurso extraordinário conhecido, mas ao qual se nega provimento.[46]

---

[44] Ibid., grifo nosso.
[45] BRASIL. Supremo Tribunal Federal. RE nº 473.216 AgR/MG. Relator: ministro Dias Toffoli. Primeira Turma. Julgamento em 5 de fevereiro de 2013. Acórdão eletrônico. *DJe* 053, 20 mar. 2013.
[46] BRASIL. Supremo Tribunal Federal. RE nº 582.525/SP. Relator: ministro Joaquim Barbosa. Tribunal Pleno. Julgamento em 9 de maio de 2013. Acórdão eletrônico repercussão geral – mérito. *DJe* 026, 7 fev. 2014, grifo nosso.

1. A Primeira Seção desta Corte, na assentada de 25.11.2009, julgou o REsp 1.113.159/AM, de relatoria do Min. Luiz Fux, submetido ao Colegiado pelo regime da Lei n. 11.672/08 (Lei dos Recursos repetitivos), que introduziu o art. 543-C do CPC, prestigiou o entendimento de que "*o art. 1º, parágrafo único, da Lei 9.316/96 não tem qualquer ilegalidade/inconstitucionalidade, nem vulnera o conceito de renda disposto no art. 43 do CTN ao vedar a dedução do valor referente à contribuição social sobre o lucro líquido (CSSL) para apuração do lucro real, bem como para a identificação de sua própria base de cálculo*". Precedentes. Súmula 83/STJ.[47]

5) *Conceito de renda × inexistência de compensação de prejuízos fiscais*

Segundo orientação firmada por esta Suprema Corte, *a compensação de prejuízos fiscais acumulados e da base de cálculo negativa da CSLL representam benefícios fiscais, cuja ausência não viola os conceitos constitucionais de renda ou de lucro*. Tal entendimento aplica-se às modificações realizadas pela IN 198 e pela IN 90, não obstante ter-se firmado no julgamento da constitucionalidade dos arts. 42 e 58 da Lei 8.981/1995. Agravo regimental ao qual se nega provimento.[48]

6) *Caso: limitação da compensação em 30% dos prejuízos fiscais viola o conceito de renda?*

2. "*A limitação da compensação em 30% (trinta por cento) dos prejuízos fiscais acumulados em exercícios anteriores, para fins*

---

[47] BRASIL. Superior Tribunal de Justiça. AgRg no REsp nº 1.311.329/RS. Relator: ministro Humberto Martins. Segunda Turma. Julgamento em 8 de maio de 2012. *DJe*, 15 maio 2012, grifo nosso.
[48] BRASIL. Supremo Tribunal Federal. RE nº 612.737 AgR/BA. Relator: ministro Joaquim Barbosa. Segunda Turma. Julgamento em 4 de outubro de 2011. *DJe* 208, 28 out. 2011, grifo nosso.

de determinação da base de cálculo da Contribuição Social sobre o Lucro (CSSL) e do Imposto de Renda, não se encontra eivada de ilegalidade" (ERESP 429730/RJ, Primeira Seção, DJ de 11.04.2005).

[...]

4. A Lei 8.981/95, ao estabelecer a aludida limitação, "não alterou os conceitos de renda e de lucro, nem tampouco ofendeu os arts. 43 e 110 do CTN, porquanto o art. 52 da mencionada lei *diferiu a dedução para exercícios futuros, de forma escalonada*" (AgRg no REsp 516849/CE, Relatora Ministra Denise Arruda, Primeira Turma, DJ de 03.04.2006).

5. Agravo regimental desprovido.[49]

7) *Conceito de renda × tributação definitiva*

1. A tributação isolada e autônoma do imposto de renda sobre os rendimentos auferidos pelas pessoas jurídicas em aplicações financeiras de renda fixa, bem como sobre os ganhos líquidos em operações realizadas nas bolsas de valores, de mercadorias, de futuros e assemelhadas, à luz dos artigos 29 e 36, da Lei 8.541/92, é legítima e complementar ao conceito de renda delineado no artigo 43, do CTN, uma vez que as aludidas entradas financeiras não fazem parte da atividade-fim das empresas (Precedentes do STJ).

2. A referida sistemática de tributação do IRPJ afigura-se legítima, porquanto "*as pessoas jurídicas que auferiram ganhos em aplicações financeiras a partir de 1º de janeiro de 1993 estão sujeitas ao pagamento do imposto de renda mesmo que, no geral, tenham sofrido prejuízos (art. 29), sendo proibida a compensação*" (REsp nº 389.485/PR, Rel. Min. Garcia Vieira, DJ de 25.03.2002).

---

[49] BRASIL. Superior Tribunal de Justiça. AgRg no REsp nº 944.427/SP. Relator: ministro Luiz Fux. Primeira Turma. Julgamento em 23 de abril de 2009. *DJe*, 25 maio 2009, grifos nossos.

3. *In casu*, cuida-se de mandado de segurança preventivo que objetiva a não retenção do imposto de renda incidente sobre os rendimentos de aplicações financeiras auferidos por pessoa jurídica (artigo 36, da Lei 8.541/92), enquanto houver prejuízo fiscal a compensar, razão pela qual não merece prosperar a pretensão recursal.

[...] Acórdão submetido ao regime do artigo 543-C, do CPC, e da Resolução STJ 08/2008.[50]

8) *Acréscimo patrimonial* × *indenização*

4. O pagamento de indenização pode ou não acarretar acréscimo patrimonial, dependendo da natureza do bem jurídico a que se refere.

Quando se indeniza dano efetivamente verificado no *patrimônio material (= dano emergente),* o pagamento em dinheiro simplesmente reconstitui a perda patrimonial ocorrida em virtude da lesão, e, portanto, não acarreta qualquer aumento no patrimônio. Todavia, *ocorre acréscimo patrimonial quando a indenização (a) ultrapassar o valor do dano material verificado (= dano emergente), ou (b) se destinar a compensar o ganho que deixou de ser auferido (= lucro cessante), ou (c) se referir a dano causado a bem do patrimônio imaterial (= dano que não importou redução do patrimônio material).*

5. *A indenização que acarreta acréscimo patrimonial configura fato gerador do imposto de renda* e, como tal, ficará sujeita a tributação, a não ser que o crédito tributário esteja excluído por isenção legal, como é o caso das hipóteses dos incisos XVI, XVII, XIX, XX e XXIII do art. 39 do Regulamento do Imposto

---

[50] BRASIL. Superior Tribunal de Justiça. REsp nº 939.527/MG. Relator: ministro Luiz Fux. Primeira Seção. Julgamento em 24 de junho de 2009. *DJe*, 21 ago. 2009, grifo nosso.

de Renda e Proventos de Qualquer Natureza, aprovado pelo Decreto 3.000, de 31.03.99.[51]

9) *Acréscimo patrimonial × desapropriação*

REPRESENTAÇÃO. ARGUIÇÃO DE INCONSTITUCIONA-LIDADE PARCIAL DO INCISO II, DO PARÁGRAFO 2, DO ART. 1, DO DECRETO-LEI FEDERAL N. 1641, DE 7.12.1978, QUE INCLUI A DESAPROPRIAÇÃO ENTRE AS MODALI-DADES DE ALIENAÇÃO DE IMÓVEIS, SUSCETÍVEIS DE GERAR LUCRO A PESSOA FÍSICA E, ASSIM, RENDIMENTO TRIBUTÁVEL PELO IMPOSTO DE RENDA. *NÃO HÁ, NA DESAPROPRIAÇÃO, TRANSFERÊNCIA DA PROPRIEDADE, POR QUALQUER NEGÓCIO JURÍDICO DE DIREITO PRIVA-DO. NÃO SUCEDE, AÍ, VENDA DO BEM AO PODER EXPRO-PRIANTE. NÃO SE CONFIGURA, OUTROSSIM, A NOÇÃO DE PREÇO, COMO CONTRAPRESTAÇÃO PRETENDIDA PELO PROPRIETÁRIO, 'MODO PRIVATO'. O 'QUANTUM' AUFERIDO PELO TITULAR DA PROPRIEDADE EXPROPRIADA E, TÃO SÓ, FORMA DE REPOSIÇÃO, EM SEU PATRIMÔNIO, DO JUSTO VALOR DO BEM, QUE PERDEU, POR NECESSIDADE OU UTILIDADE PÚBLICA OU POR INTERESSE SOCIAL. TAL O SENTIDO DA 'JUSTA INDENIZAÇÃO' PREVISTA NA CONS-TITUIÇÃO (ART. 153, PARÁGRAFO 22). NÃO PODE, ASSIM, SER REDUZIDA A JUSTA INDENIZAÇÃO PELA INCIDÊNCIA DO IMPOSTO DE RENDA.* REPRESENTAÇÃO PROCEDEN-TE, PARA DECLARAR A INCONSTITUCIONALIDADE DA

---

[51] BRASIL. Superior Tribunal de Justiça. REsp nº 637.623/PR. Relator: ministro Teori Albino Zavascki. Primeira Turma. Julgamento em 24 de maio de 2005. *DJ*, 6 jun. 2005, grifos nossos.

EXPRESSÃO 'DESAPROPRIAÇÃO', CONTIDA NO ART. 1, PARÁGRAFO 2, INCISO II, DO DECRETO-LEI N. 1641/78.[52]

TRIBUTÁRIO E ADMINISTRATIVO. NÃO INCIDÊNCIA DE IMPOSTO DE RENDA SOBRE INDENIZAÇÃO DECORRENTE DE DESAPROPRIAÇÃO. RESP. 1.116.460/SP, REL. MIN. LUIZ FUX, DJE 9.12.2009. REPRESENTATIVO DE CONTROVÉRSIA. AGRAVO REGIMENTAL DA FAZENDA NACIONAL NÃO PROVIDO.

1. *A jurisprudência pacífica do Superior Tribunal de Justiça entende que não incide Imposto de Renda sobre verba recebida a título de indenização decorrente de desapropriação, seja por necessidade ou utilidade pública, seja por interesse social, por não constituir ganho ou acréscimo patrimonial.* Precedente firmado sob o regime do art. 543-C do CPC: REsp. 1.116.460/SP, Relator Ministro Luiz Fux, Dje 1º.2.2010.
2. Agravo Regimental da Fazenda Nacional não provido.[53]

10) *Acréscimo patrimonial × juros moratórios e compensatórios*

TRIBUTÁRIO. IMPOSTO DE RENDA. DESAPROPRIAÇÃO. JUROS DE MORA E COMPENSATÓRIOS. INCIDÊNCIA.

1. *Os juros de mora e compensatórios recebidos como indenização em ação expropriatória não se submetem à incidência do Imposto de Renda.* Precedentes.
2. Recurso especial improvido.[54]

---

[52] BRASIL. Supremo Tribunal Federal. Rp nº 1260. Relator: ministro Néri da Silveira. Tribunal Pleno. Julgamento em 13 de agosto de 1987. *DJ*, 18 nov. 1988, grifo nosso.
[53] BRASIL. Superior Tribunal de Justiça. AgRg no REsp nº 1.266.748/RS. Relator: ministro Herman Benjamin. Segunda Turma. Julgamento em 11 de abril de 2013. *DJe*, 9 maio 2013, grifo nosso.
[54] BRASIL. Superior Tribunal de Justiça. REsp nº 674.959/PR. Relator: ministro Castro Meira. Segunda Turma. Julgamento em 7 de março de 2006. *DJ*, 20 mar. 2006, grifo nosso.

11) *Acréscimo patrimonial × servidão administrativa*

> PROCESSUAL CIVIL E TRIBUTÁRIO. VIOLAÇÃO AO ART. 535 DO CPC. OMISSÃO. INOCORRÊNCIA. *INDENIZAÇÃO DECORRENTE DA INSTITUIÇÃO DE SERVIDÃO ADMINISTRATIVA. NÃO INCIDÊNCIA DO IMPOSTO DE RENDA.* REEXAME DE PROVA. INVIABILIDADE. SÚMULA 7 DO STJ.
> 1. Não ocorre ofensa ao art. 535, II, do Código de Processo Civil se o tribunal de origem decide, fundamentadamente, as questões essenciais ao julgamento da lide, apenas não adotando a tese invocada pela recorrente.
> 2. Diante de oposição frontal entre o que se afirma no recurso especial e o que se consignou no acórdão recorrido a respeito da causa dos pagamentos recebidos pelo recorrido, questão probatória essencial para o deslinde da controvérsia, revela-se inviável o apelo nobre, a teor da orientação fixada na Súmula 7 do Superior Tribunal de Justiça: "A pretensão de simples reexame de prova não enseja recurso especial".
> 3. Recurso especial não conhecido.[55]

12) *Acréscimo patrimonial × 13º salário incluído no PDV*

> 1. Assentando o acórdão embargado que "a C. Primeira Seção firmou entendimento que se harmoniza com o acórdão paradigma, segundo o qual *os valores recebidos a título de décimo terceiro salário, ainda que em virtude da adesão a programa de demissão incentivada, têm natureza remuneratória, enquadrando-se no conceito de 'renda' previsto no artigo 43, do CTN, pelo que configuram fato gerador do imposto* (EREsp 476.178/RS, Relator Ministro

---

[55] BRASIL. Superior Tribunal de Justiça. REsp nº 1.410.119/SC. Relatora: ministra Eliana Calmon. Segunda Turma. Julgamento em 12 de novembro de 2013. *DJe*, 20 nov. 2013, grifo nosso.

Teori Albino Zavascki, publicado no *DJ* de 28.06.2004)", revela-se inadmissível, em sede de embargos, pretender a revisão do julgado, em manifesta pretensão infringente.[56]

13) *Acréscimo patrimonial* × *férias e licenças não gozadas*

1. O imposto de renda não incide em verba indenizatória, por isso é cediço na Corte que não recai referida exação:
a) *no abono de parcela de férias não gozadas* (art. 143 da CLT), mercê da inexistência de previsão legal, na forma da aplicação analógica da Súmula 125/STJ, *verbis*: "O pagamento de férias não gozadas por necessidade do serviço não está sujeito à incidência do Imposto de Renda.", e da Súmula 136/STJ, *verbis*: "O pagamento de licença-prêmio não gozada, por necessidade do serviço, não está sujeito ao Imposto de Renda". (Precedentes);
b) *nas férias não gozadas, indenizadas na vigência do contrato de trabalho, bem como as licenças-prêmio convertidas em pecúnia, sendo prescindível se ocorreram ou não por necessidade do serviço*, nos termos da Súmula 125/STJ (Precedentes);
c) *nas férias não gozadas, licenças-prêmio convertidas em pecúnia, irrelevante se decorreram ou não por necessidade do serviço, férias proporcionais, respectivos adicionais de 1/3 sobre as férias, gratificação de Plano de Demissão Voluntária (PDV), todos percebidos por ocasião da extinção do contrato de trabalho, por força da previsão isencional encartada no art. 6º, V, da Lei 7.713/88 e no art. 39, XX, do RIR* (aprovado pelo Decreto 3.000/99) c/c art. 146, *caput*, da CLT (Precedentes).[57]

---

[56] BRASIL. Superior Tribunal de Justiça. EDcl no AgRg nos EREsp nº 515.148/RS. Relator: ministro Luiz Fux. Primeira Seção. Julgamento em 26 de abril de 2006. *DJ*, 22 maio 2006, grifo nosso.
[57] BRASIL. Superior Tribunal de Justiça. AgRg no Ag nº 864.191/SP. Relator: ministro Luiz Fux. Primeira Turma. Julgamento em 14 de agosto de 2007. *DJ*, 20 set. 2007, grifos nossos.

14) *Acréscimo patrimonial × adicional de transferência*

> 3. Quanto ao *adicional de transferência* de que trata o art. 469, § 3º, da CLT, não se desconhece que esta Turma já adotou o entendimento de que o referido adicional teria natureza indenizatória e, por essa razão, sobre ele não incidiria imposto de renda. No entanto, da leitura do § 3º do art. 463 da CLT, extrai-se que *a transferência do empregado é um direito do empregador, e do exercício regular desse direito decorre para o empregado transferido, em contrapartida, o direito de receber o correspondente adicional de transferência. O adicional de transferência possui natureza salarial, e na sua base de cálculo devem ser computadas todas as verbas de idêntica natureza, consoante a firme jurisprudência do TST. Dada a natureza reconhecidamente salarial do adicional de transferência, sobre ele deve incidir imposto de renda.*
> 4. Recurso especial provido, em parte, tão somente para assegurar a incidência do imposto de renda sobre o adicional de transferência de que trata o art. 469, § 3º, da CLT.[58]

15) *Acréscimo patrimonial × danos morais*

> Enunciado 498 do STJ: Não incide imposto de renda sobre a indenização por danos morais.
> […]
> II - A Colenda Primeira Seção, no julgamento do REsp 963.387/RS, Rel. Min. HERMAN BENJAMIN, em 08 de outubro de 2008, por maioria, consignou que não incide imposto de renda sobre a indenização por danos morais. Explicitou-se que *a indenização por dano moral limita-se a recompor o patrimônio imaterial da*

---

[58] BRASIL. Superior Tribunal de Justiça. REsp nº 1.217.238/MG. Relator: ministro Mauro Campbell Marques. Segunda Turma. Julgamento em 7 de dezembro de 2010. *DJe*, 3 fev. 2011, grifos nossos.

vítima, não tendo vinculação com o patrimônio real, ipso facto, inobservada na hipótese a aquisição de acréscimo patrimonial compatível com o comando do artigo 43 do CTN, tem-se afastada a incidência da exação.[59]

3. A indenização por dano moral não aumenta o patrimônio do lesado, apenas o repõe, pela via da substituição monetária, in statu quo ante.

4. A vedação de incidência do Imposto de Renda sobre indenização por danos morais é também decorrência do princípio da reparação integral, um dos pilares do Direito brasileiro. A tributação, nessas circunstâncias e, especialmente, na hipótese de ofensa a direitos da personalidade, reduziria a plena eficácia material do princípio, transformando o Erário simultaneamente em sócio do infrator e beneficiário do sofrimento do contribuinte.[60]

16) *Acréscimo patrimonial × juros moratórios*

1. Julgado o REsp. n. 1.089.720-RS (Primeira Seção, Rel. Min. Mauro Campbell Marques, julgado em 10.10.2012) este STJ firmou interpretação no sentido de que:

a) *Regra geral: incide o IRPF sobre os juros de mora*, a teor do art. 16, *caput* e parágrafo único, da Lei n. 4.506/64, inclusive quando reconhecidos em reclamatórias trabalhistas, apesar de sua natureza indenizatória reconhecida pelo mesmo dispositivo legal;

b) *Primeira exceção: são isentos de IRPF os juros de mora quando pagos no contexto de despedida ou rescisão do contrato de*

---

[59] BRASIL. Superior Tribunal de Justiça. AgRg no REsp nº 1.017.901/RS. Relator: ministro Francisco Falcão. Primeira Turma. Julgamento em 4 de novembro de 2008. *DJe*, 12 nov. 2008, grifo nosso.

[60] BRASIL. Superior Tribunal de Justiça. REsp nº 963.387/RS. Relator: ministro Herman Benjamin. Primeira Seção. Julgamento em 8 de outubro de 2008. *DJe*, 5 mar. 2009, grifo nosso.

trabalho, em reclamatórias trabalhistas ou não. Isto é, quando o trabalhador perde o emprego, os juros de mora incidentes sobre as verbas remuneratórias ou indenizatórias que lhe são pagas são isentos de imposto de renda, tratando-se de isenção é circunstancial para proteger o trabalhador em uma situação socioeconômica desfavorável (perda do emprego), daí a incidência do art. 6º, V, da Lei n. 7.713/88;

c) *Segunda exceção: são isentos do imposto de renda os juros de mora incidentes sobre verba principal isenta ou fora do campo de incidência do IR, mesmo quando pagos fora do contexto de despedida ou rescisão do contrato de trabalho (circunstância em que não há perda do emprego), consoante a regra do "accessorium sequitur suum principale".*[61]

17) *Acréscimo patrimonial × regimes de competência e de caixa*

4. A fixação do regime de competência para a quantificação da base de cálculo do tributo e do regime de caixa para a dedução das despesas fiscais *não* implica em [*sic*] majoração do tributo devido, inexistindo violação ao conceito de renda fixado na legislação federal.[62]

18) *Acréscimo patrimonial × depósito judicial*

5. *Os depósitos judiciais utilizados para suspender a exigibilidade do crédito tributário* consistem em ingressos tributários, sujeitos à sorte da demanda judicial, e não em receitas tributárias, de

---

[61] BRASIL. Superior Tribunal de Justiça. AgRg no REsp nº 1.461.687/RS. Relator: ministro Mauro Campbell Marques. Segunda Turma. Julgamento em 23 de setembro de 2014. *DJe*, 30 set. 2014, grifos nossos.

[62] BRASIL. Superior Tribunal de Justiça. REsp nº 1.168.038/SP. Relatora: ministra Eliana Calmon. Primeira Seção. Julgamento em 9 de junho de 2010. *DJe*, 16 jun. 2010, grifo nosso.

modo que *não são dedutíveis da base de cálculo do IRPJ até o trânsito em julgado da demanda*.

6. Recurso especial conhecido em parte e não provido.[63]

Assim, os limites à ação do legislador ordinário, ao criar as regras de incidência do IR, são dados por toda essa ideia de disponibilidade econômica ou jurídica do acréscimo patrimonial. Se a incidência criada pelo legislador recair sobre aquilo que não é efetiva aquisição de disponibilidade – econômica ou jurídica – que leve ao acréscimo patrimonial, ou que o seja, a lei estará violando o art. 43 do CTN.

A temática relativa a indenizações, nesse sentido, desafia uma análise casuística na qual o trabalho do intérprete passará não somente pela aferição do elemento material, mas também pela persecução do *quantum* auferido para se identificar se está diante de recomposição (dano emergente) ou de um acréscimo efetivo (lucro cessante).

Elemento temporal

Questão absolutamente central no que se refere ao IR, a qual se encontra indissociavelmente vinculada a seu elemento material, é a da periodicidade ou seu aspecto temporal.

De forma objetiva, só se pode inferir a existência de acréscimo ou decréscimo patrimonial, e, portanto, a legitimidade da tributação sobre a renda, se esse acréscimo ou decréscimo se compreende em um período predeterminado. Assim, a própria definição de renda – entendida como acréscimo patrimonial, e não mero ingresso – torna a periodicidade um dos elementos configuradores da incidência do IR.

---

[63] Ibid., grifos nossos.

A questão que ora se analisa é se a Constituição Federal obrigatoriamente impõe que a ocorrência do fato gerador do IR se dê, não em uma fração de tempo instantânea, e sim em um determinado período, abrangendo a soma de diversos fatos isolados.

É unânime na doutrina pátria que o fato gerador do IR é classificado como fato gerador periódico ou *complexivo*, ou seja, aquele cujo ciclo de formação se completa dentro de um determinado intervalo de tempo e que consiste em um conjunto de fatos, circunstâncias ou acontecimentos globalmente considerados.[64]

Sobre a classificação supra, merece destaque o precedente do STF colacionado a seguir:

> 1. O alcance da Súmula da Jurisprudência Dominante do Supremo Tribunal Federal é definido de acordo com os precedentes que lhe deram origem.
> 2. *A Súmula 584/STF tomou por base precedentes relativos* (i) ao imposto de renda devido por pessoas físicas (magistrados) e (ii) à subscrição compulsória de letras imobiliárias do Banco Nacional de Habitação, em valor calculado com base na renda auferida da cobrança de aluguéis, tudo com base nas regras de tributação e apuração vigentes nas respectivas quadras temporais.
> 3. Não há nas razões de agravo regimental indicação de que os modelos de tributação e de apuração permaneceram inalterados, de modo a justificar a aplicação do enunciado sumular. Em sentido semelhante, não há indicação sequer da proximidade dos regimes de tributação e de apuração relativos às pessoas físicas e às pessoas jurídicas que justificasse o mesmo tratamento.
> 4. *Encerrado o período de formação do fato jurídico tributário, tal como definido pelo regime de regência, modificações poste-*

---
[64] FALCÃO, Amílcar de Araújo. *Fato gerador da obrigação tributária*. 6. ed. rev. e atualiz. prof. Flávio Bauer Novelli. Rio de Janeiro: Forense, 2002. p. 71.

riores da legislação não podem retroagir para aumentar a carga tributária. Agravo regimental conhecido, mas ao qual se nega provimento.[65]

Convém mencionar que a periodicidade do IR está refletida no próprio regime de reconhecimento de receitas e despesas tradicionalmente adotado pela legislação tributária: o da competência.[66] Além de outros exemplos, como a previsão de orçamento anual, a legislação fiscal estabelece que, em matéria de escrituração, as pessoas jurídicas sujeitas à tributação com base no lucro real devem observar a legislação comercial e fiscal (art. 7º do Decreto-Lei nº 1.598/1977).

Por sua vez, a legislação comercial que trata da escrituração das pessoas jurídicas estabelece que a escrituração será mantida em registros permanentes, com obediência aos princípios de contabilidade geralmente aceitos, devendo observar métodos ou critérios contábeis uniformes no tempo e registrar mutações patrimoniais *segundo o regime de competência* (art. 177, *caput*, da Lei nº 6.404/1976).

Deflui-se, portanto, que a periodicidade compõe o próprio conceito de renda, sendo um de seus elementos integrantes. Misabel de Abreu Machado Derzi[67] salienta, no entanto, que, por motivos de política fiscal ou para evitar sonegação e fraude, o legislador ordinário pode quebrar a regra da periodicidade,

---

[65] BRASIL. Supremo Tribunal Federal. RE nº 244.003 AgR/SC. Relator: ministro Joaquim Barbosa. Segunda Turma. Julgamento em 20 de abril de 2010. *DJe* 096, 28 maio 2010, grifos nossos.
[66] Excepcionalmente, a legislação tributária prevê situações em que é permitido ao contribuinte do imposto de renda reconhecer suas receitas e despesas pelo regime de caixa, o qual está atrelado ao efetivo auferimento da receita ou realização da despesa.
[67] DERZI, Misabel de Abreu Machado. Periodicidade do imposto de renda. *Revista de Direito Tributário*, São Paulo, n. 63. p. 44-49, 2003.

como ocorre, por exemplo, na tributação de não residentes no país que aqui auferem rendimentos.

É certo, contudo, que a legislação brasileira adota um ano como período de apuração do IR, mas não há, na Constituição Federal ou no CTN, qualquer dispositivo normativo estabelecendo tal regra.

Todavia, do ponto de vista doutrinário, a corrente majoritária[68] defende a tese de que, como a Constituição Federal adota o período anual, corolário da regra que estabelece que o orçamento (renda da nação) é anual no Brasil, orientar-se-ia nossa tradição a um tributo sobre a renda anual, ressalvadas exceções para situações específicas ou em que se possa atribuir facultativamente ao contribuinte um prazo inferior.

A ideia de que o período de um ano seria adequado para apurar o fato gerador do IR não seria antitética ao primado de que as empresas se regem pelo princípio da continuidade da vida empresarial. Não é por outra razão que a combinação de um período anual com a continuidade das sociedades perpetrou o mecanismo de compensação de prejuízos fiscais, existente na grande maioria dos países.

Mas, sem dúvida, em nosso país, a ideia de periodicidade anual está intimamente ligada aos princípios da anterioridade e da irretroatividade.

Anterioridade

O imposto de renda não se insere na regra da anterioridade máxima, mesmo após a promulgação da Emenda Constitucional

---

[68] ATALIBA, Geraldo. *Hipótese de incidência tributária*, 2002, op. cit., p. 21-36.

nº 42/2003. Assim, deve obediência apenas à anterioridade disposta no art. 150, III, "b", da Constituição, sendo excepcionado da aplicação da noventena inserida pela emenda supramencionada, que incluiu a alínea "c" no dispositivo em comento. De qualquer forma, é de se destacar que a anterioridade guarda extrema relevância no que concerne ao fato gerador do IR, como ates mencionado.

Desdobra-se esta como um conteúdo de "não surpresa", pela qual as empresas e pessoas físicas devem se pautar para saberem no ano anterior o quanto serão tributadas ou gravadas pela tributação sobre a renda.

De fato, sendo um tributo que possui vinculação direta com a formação patrimonial das pessoas e da empresa, a anterioridade deve ser lida de forma ampla, sem prejuízo do respeito à formação do fato gerador do IR de caráter complexivo, como será adiante mencionado.

Sobre a discussão a respeito da aplicação do princípio da anterioridade, o STJ consolidou entendimento acerca de seu caráter constitucional:

> 2. A análise dos autos não permite a constatação, de plano, da probabilidade de êxito do especial, posto que *a discussão a respeito da aplicação dos princípios da anterioridade* e do direito adquirido (art. 6º, da LICC (Decreto-Lei n. 4.657/42)) *é de cunho predominantemente constitucional* e a jurisprudência do STJ firmou-se em sede de recurso representativo da controvérsia no sentido de que em matéria de compensação deve ser aplicada a lei vigente ao tempo do ajuizamento da ação.
> 4. Agravo regimental não provido.[69]

---

[69] BRASIL. Superior Tribunal de Justiça. AgRg na MC nº 18.981/RJ. Relator: ministro Mauro Campbell Marques. Segunda Turma. Julgamento em 12 de abril de 2012. *DJe*, 18 abr. 2012, grifos nossos.

Irretroatividade

A irretroatividade consiste em um princípio que resguarda os interesses do contribuinte, representado pela impossibilidade da cobrança de tributos em relação aos fatos geradores ocorridos antes do início da vigência da lei instituidora ou que o tenha majorado (art. 150, III, "a", da CRFB/1988).

Conforme vimos em linhas anteriores, o IR é considerado possuidor de fato gerador complexivo ou periódico, ocorrendo durante todo o exercício financeiro, a partir do dia 1º de janeiro até o dia 31 de dezembro.

A partir do Enunciado nº 584 de sua Súmula de Jurisprudência Dominante, o Supremo deu o seguinte entendimento ao IR: "Ao Imposto de Renda calculado sobre os rendimentos do ano-base, aplica-se a lei vigente no exercício financeiro em que deve ser apresentada a declaração".

A partir dessa súmula, qualquer lei que fosse publicada no dia 31 de dezembro e entrasse em vigor nessa mesma data poderia incidir sobre todos os fatos pendentes que houvessem ocorrido até a data de sua publicação. A doutrina é uníssona ao criticar essa súmula.

Assim, ao se manifestar sobre a aplicação da retroatividade na revogação de benefícios fiscais, entendeu o STF:

> I - A possibilidade de compensação de prejuízos fiscais apurados em exercícios anteriores caracteriza benefício fiscal cuja restrição ou ausência não importa ofensa ao texto constitucional.
>
> II - *A revisão ou revogação de benefício fiscal, por se tratar de questão vinculada à política econômica que pode ser revista pelo Estado a qualquer momento, não está adstrita à observância das regras de anterioridade tributária previstas na Constituição.*

III - A existência de orientação do Plenário da Corte sobre a questão constitucional debatida legitima o julgamento monocrático do recurso nos termos do art. 557 do CPC.

IV - Agravo regimental improvido.[70]

O que o STF fez foi não dar tanta abrangência ao princípio da irretroatividade dos fatos pendentes e, com isso, o art. 105 do CTN é recepcionado pelo art. 150, III, "a", da CRFB. A interpretação dada pela Súmula nº 584 do STF, Hugo de Brito denomina como o "amesquinhamento ao princípio da irretroatividade".

Leandro Paulsen também critica o teor desta súmula, afirmando haver violação às garantias da irretroatividade e da anterioridade ao permitir que alterações no imposto de renda sejam aplicadas à renda relativa a todo o ano-base em curso quando da publicação da lei.

Segundo o autor, isso viola a irretroatividade na medida em que toma em consideração apenas o aspecto temporal estabelecido por ficção jurídica (considera-se ocorrido o fato gerador em 31 de dezembro, quando o aspecto material – aquisição da disponibilidade econômica ou jurídica – começa a se formar desde 1º de janeiro).

De outra banda, viola a anterioridade, porque admite a incidência da inovação legal à renda do ano em curso, sem respeito à garantia de que a lei só seja aplicada aos fatos geradores ocorridos a partir do primeiro dia do ano seguinte. O STF, embora tenha aplicado a Súmula nº 584 diversas vezes depois da CRFB/1988, está rediscutindo e revisando seu entendimento

---

[70] BRASIL. Supremo Tribunal Federal. RE nº 617.389 AgR/SP. Relator: ministro Ricardo Lewandowski. Segunda Turma. Julgamento em 8 de maio de 2012. *DJe* 099, 22 maio 2012, grifo nosso.

sobre a matéria no RE nº 183.130/PR, com três votos favoráveis contra dois desfavoráveis.[71]

Elemento espacial

No que concerne ao elemento espacial do imposto de renda, torna-se imperioso ressaltar a evolução que o mesmo teve no direito brasileiro.

Com efeito, a tributação do IR, que sempre se deu de modo limitado à percepção de rendimentos no Brasil, foi evoluindo baseada no elemento conexão/residência.

Embora não seja aqui o momento de efetuar maiores digressões, pode ser dito, de forma rápida, que o aspecto espacial está delimitado por dois elementos de estraneidade: a fonte e a residência.

Assim, quando se tratar de rendas recebidas ou pagas por um nacional, encontrar-se-ia o aspecto espacial IR, conforme destacado nos parágrafos do art. 43 do CTN:

> § 1º. A incidência do imposto independe da denominação da receita ou do rendimento, da localização, da condição jurídica ou nacionalidade da fonte, da origem e da forma de percepção.
> § 2º. Na hipótese de receita ou de rendimento oriundos do exterior, a lei estabelecerá as condições e o momento em que se dará sua disponibilidade, para fins de incidência do imposto referido neste artigo.

---

[71] Disponível em: <www.leandropaulsen.com/site/textos_detalhe.asp?ID=25>. Acesso em: 8 set. 2012. Votos favoráveis: ministros Carlos Velloso (relator), Nelson Jobim e Joaquim Barbosa. Votos desfavoráveis: ministros Eros Grau e Menezes Direito. É importante mencionar que o referido recurso foi distribuído em 1994 e somente em 2013 foi devolvido pelo ministro Teori Zavascki, após pedido de vista do seu antecessor (ministro Cezar Peluso). Ademais, todos os ministros votantes já se aposentaram.

É por essa razão que, ademais de rendimentos recebidos e pagos em nosso território, são tributados pelo imposto de renda os lucros, rendimentos e ganhos de capital ocorridos no exterior, desde que tais rendimentos, lucros e ganhos tenham por beneficiários nacionais brasileiros.

Questões de automonitoramento

1) Após ler este capítulo, você é capaz de resumir os casos geradores do capítulo 7, identificando as partes envolvidas, os problemas atinentes e as soluções cabíveis?
2) Quais as principais características do imposto de renda?
3) Relacione os princípios da generalidade e o da universalidade.
4) Defina como o princípio da progressividade se aplica em relação ao imposto sobre a renda.
5) Pense e descreva, mentalmente, alternativas para a solução dos casos geradores do capítulo 7.

2

IR – Estrutura: elemento quantitativo, elemento subjetivo

Roteiro de estudo

Elemento quantitativo

O aspecto quantitativo do fato gerador revela-se via aplicação de sua base de cálculo e de suas alíquotas. Sobre o assunto, Paulo de Barros Carvalho[72] assevera que

> o centro de convergência do direito subjetivo, de que é titular o sujeito ativo, e do dever jurídico cometido ao sujeito passivo, é um valor patrimonial, expresso em dinheiro, no caso das obrigações tributárias. [...] Uma das funções da base de cálculo é medir a intensidade do núcleo factual descrito pelo legislador. Para tanto, recebe a complementação de outro elemento que é a alíquota, e da combinação de ambos resulta a definição do *debitum* tributário. Sendo a base de cálculo uma exigência cons-

---

[72] CARVALHO, Paulo de Barros. *Curso de direito tributário*. 16. ed. São Paulo: Saraiva, 2004. p. 323-325.

titucionalmente obrigatória, a alíquota, que com ela se conjuga, ganha, também, foros de entidade indispensável. Carece de sentido a existência isolada de uma ou de outra.

Dessa forma, veremos a seguir, pormenorizadamente, quais são as bases de cálculo e as alíquotas do imposto de renda (IR).

Base de cálculo

Partimos do conceito traduzido por Paulo de Barros Carvalho,[73] segundo o qual

> a base de cálculo é grandeza instituída na consequência da regra-matriz tributária, e que se destina, primordialmente, a dimensionar a intensidade do comportamento inserto no núcleo do fato jurídico, para que, combinando-se à alíquota, seja determinado o valor da prestação pecuniária.

Nessa esteira de raciocínio, a base de cálculo do IR é o montante real, arbitrado ou presumido de renda ou proventos, de acordo com o art. 44 do CTN, cumprindo registrar que, em regra, utiliza-se a modalidade real, considerando que esta leva em consideração a renda efetivamente apurada.

Caso o contribuinte não preste as declarações ou não mantenha sua escrituração conforme previsto na legislação tributária – ou se estas não merecerem fé –, a autoridade administrativa irá arbitrar o lucro (art. 148 do CTN), utilizando-se de parâmetros previstos em lei, como a receita bruta, o capital social, o patrimônio líquido e a folha de salários, ressalvada a possibilidade de o contribuinte fazer prova de que seu montante real é inferior ao arbitrado.

---

[73] Ibid., p. 327.

No caso de arbitramento do lucro, é necessário ressalvar que, no passado, o STJ pacificou seu entendimento no que diz respeito à sua distribuição aos sócios, *in verbis*:

> 2. "*O STJ pacificou o entendimento de que, na ocorrência de lucro arbitrado, presume-se a sua distribuição reflexa aos sócios da empresa, competindo-lhes recolher o imposto de renda devido. Resta aos sócios o ônus de provar que nada receberam da quantia arbitrada contra a sociedade*" (REsp 199.310-PR, Rel. Min. João Otávio de Noronha, DJU de 16.05.2005).
> 3. "A partir da publicação da Lei nº 9.065/95, os débitos tributários pagos com atraso deverão ser corrigidos com a utilização da Taxa SELIC" (AgRg no Ag 592.247- MG, Rel. Ministro Francisco Peçanha Martins, DJU 07.03.2005).
> 4. Recurso especial conhecido em parte e improvido.[74]

Caso diferente ocorre no cálculo presumido. Neste, adota-se a presunção de renda estabelecida em lei, por meio de parâmetros por ela definidos como a receita bruta, por exemplo, por opção do contribuinte.

Segundo Luiz Emygdio F. da Rosa Jr.,[75] a distinção entre lucro real, lucro arbitrado e lucro presumido, para fins de tributação de contribuinte pessoa jurídica, se verifica da seguinte forma:

> a) *lucro real*: corresponde ao acréscimo efetivamente ocorrido no patrimônio da empresa, mediante o resultado apurado por meio das demonstrações financeiras elaboradas em conformidade com a legislação comercial e se traduz na regra geral utilizada

---

[74] BRASIL. Superior Tribunal de Justiça. REsp nº 705.633/SC. Relator: ministro Castro Meira. Segunda Turma. Julgamento em 1º de setembro de 2005. *DJ*, 3 out. 2005, grifo nosso.
[75] ROSA JR., Luiz Emygdio F. da. *Manual de direito financeiro e direito tributário*. 18. ed. rev. e atualiz. Rio de Janeiro: Renovar, 2005. p. 884-886.

para servir como base de cálculo do IR para as pessoas jurídicas; b) *lucro arbitrado*: equivale ao *quantum* que resulta da soma das parcelas referidas no art. 27 da Lei nº 9.430/1996 nas hipóteses previstas na legislação do IR, como, por exemplo, quando há recusa de exibição de livros ou documentos de sua escrituração pelo contribuinte, na forma do art. 530 do Decreto nº 3.000/1999 (Regulamento do Imposto de Renda – RIR);

c) *lucro presumido*: trata-se de uma faculdade conferida pela legislação do IR às pessoas jurídicas que não estejam obrigadas à tributação com base no lucro real e sua apuração se dá pela aplicação de coeficientes legalmente definidos sobre a receita bruta anual, de acordo com a natureza da atividade desenvolvida pela empresa, observados os parâmetros descritos nos arts. 25 e 26 da Lei nº 9.430/1996;

d) *Simples*: A Lei Complementar nº 123/06 instituiu, a partir de 01/07/2007, novo tratamento tributário simplificado, alcunhado de SIMPLES NACIONAL ou SUPER SIMPLES. Na verdade, o cerne da questão reside na possibilidade de o legislador ordinário fazer alterações na base de cálculo do Imposto de Renda – o lucro real – que a diferenciem do lucro líquido calculado com base na lei comercial.

Cumpre destacar que o STJ, ao analisar se o recolhimento do IR pelas bases correntes mensais alteraria seu aspecto quantitativo, assim decidiu:

> TRIBUTÁRIO – IMPOSTO DE RENDA – PAGAMENTO SOB A FORMA DE BASES CORRENTES (LEIS 8.383/91 E 8.541/92) – LEGALIDADE.
>
> 1. *O fato gerador do Imposto de Renda é a disponibilidade econômica ou jurídica adquirida no curso do ano fiscal, finalizado em 31 de dezembro de cada ano.*

2. *A exigência de pagamento mês a mês, para acertamento ao final do exercício, não ofende os arts. 43 e 44 do CTN, porque não altera o valor do fato gerador.*
3. Sistemática que se instalou desde o ano de 1987, sob a égide do DL 2.354/87 e da Lei 7.797/89.
4. Recurso especial improvido.[76]

Ainda em relação ao aspecto quantitativo do tributo em questão, há que se mencionar o entendimento do STJ sobre a possibilidade de desconsideração, pelo fisco, do contrato de *leasing*:

> 6. *Contrato de leasing, compondo todos os elementos acima anunciados, firmado livremente pelas partes, não pode ser descaracterizado pelo Fisco para fins tributários como sendo de compra e venda, passando a não aceitar as prestações pagas como despesas dedutíveis.*
> 7. A descaracterização do contrato de leasing só pode ocorrer quando fique devidamente evidenciada uma das situações previstas em lei, no caso, as elencadas nos arts. 2º, 9º, 11, § 1º, 14 e 23, da Lei nº 6.099/74. Fora desse alcance legislativo, impossível ao Fisco tratar o contrato de leasing, por simples entendimento de natureza contábil, como sendo de compra e venda.
> 8. Homenagem ao princípio de livre convenção pelas partes quanto ao valor residual a ser pago por ocasião da compra.
> 9. Não descaracterização de contrato de leasing em compra e venda para fins de imposto de renda.[77]

---

[76] BRASIL. Superior Tribunal de Justiça. REsp nº 173.275/PR. Relatora: ministra Eliana Calmon. Segunda Turma. Julgamento em 4 de novembro de 2003. *DJ*, 1º dez. 2003, grifo nosso.
[77] BRASIL. Superior Tribunal de Justiça. REsp nº 310.368/RS. Relator: ministro José Delgado. Primeira Turma. Julgamento em 7 de junho de 2001. *DJ*, 27 ago. 2001, grifo nosso.

ALÍQUOTAS

Consoante os ensinamentos de Paulo de Barros Carvalho,[78] tem-se que a alíquota "congregada à base de cálculo dá a compostura numérica da dívida, produzindo o valor que pode ser exigido pelo sujeito ativo, em cumprimento da obrigação que nascerá pelo acontecimento do fato típico" e, portanto, sua presença no contexto normativo tem natureza obrigatória, por força de exigência constitucional inafastável.

Cabe ao legislador ordinário fixar a alíquota do IR, não havendo limites estabelecidos na CRFB/1988 ou no CTN senão os vinculados à vedação do confisco e à capacidade contributiva.

Sobre o assunto, discorre Luiz Emygdio F. da Rosa Jr.,[79] ponderando que a

> CF de 1988 e o CTN silenciam sobre as alíquotas do Imposto de Renda, e, assim, o legislador ordinário tem liberdade de fixá-las. Todavia, trata-se de liberdade relativa, porque deve atender aos princípios constitucionais da capacidade contributiva e da progressividade, e não pode estabelecer alíquota excessiva que atinja parcela mínima necessária à sobrevivência da propriedade privada, extrapolando da razoabilidade, dando ao imposto efeito de confisco.

No IR da pessoa física, temos alíquotas progressivas estabelecidas pela Lei nº 11.482/2007. No IR das pessoas jurídicas, em regra, a alíquota é de 15%, havendo um adicional de 10% a partir de determinado valor.

---

[78] CARVALHO, Paulo de Barros. *Curso de direito tributário*, 2004, op. cit., p.337.
[79] ROSA JR., Luiz Emygdio F. da. *Manual de direito financeiro e direito tributário*, 2005, op. cit., p. 883.

Elemento subjetivo

Contribuinte

Discorrendo sobre o que intitula o consequente da regra-matriz de incidência, Paulo de Barros Carvalho[80] consigna que nele há feixes de informações que nos ofertam critérios de identificação dos elementos que constituem o laço obrigacional, o critério (aspecto) pessoal e o quantitativo, e, sobre aquele, informa o autor, aponta os sujeitos ativo e passivo da relação, "os sujeitos do vínculo", ressaltando ainda que

> o sujeito ativo [...], titular do direito subjetivo de exigir a prestação pecuniária, no direito tributário brasileiro pode ser uma pessoa jurídica pública ou privada [...]. Entre as pessoas jurídicas de direito público, temos aquelas investidas de capacidade política – são pessoas políticas de direito constitucional interno – dotadas de poder legislativo e habilitadas, por isso mesmo, a inovar a organização jurídica, editando normas. [...] Entre as pessoas de direito privado, sobressaem as entidades paraestatais que, guardando a personalidade jurídico-privada, exercitam funções de grande interesse para o desenvolvimento das finalidades públicas.

O sujeito passivo, por seu turno, como ensina Ricardo Lobo Torres,[81] "é a pessoa obrigada a pagar o tributo e a penalidade pecuniária ou a praticar os deveres instrumentais para a garantia do crédito" e deve constar de forma explícita sua indicação na lei que define o fato gerador da exação. Portanto, sujeito pas-

---

[80] CARVALHO, Paulo de Barros. *Curso de direito tributário*, 2004, op. cit., p. 296.
[81] TORRES, Ricardo Lobo. *Curso de direito financeiro e tributário*. 9. ed. atualiz. até a publicação da Emenda Constitucional nº 33, de 11.12.2001, e da Lei Complementar nº 113, de 19.9.01. Rio de Janeiro: Renovar, 2002. p. 227.

sivo será o contribuinte ou o responsável pelo adimplemento do tributo.

No caso do IR, o sujeito ativo da relação jurídico-tributária é a União, na forma do art. 153, III, da CRFB/1988.

O contribuinte do IR é a pessoa física ou jurídica titular da disponibilidade de renda (art. 45 do CTN), podendo ser responsabilizado o possuidor de qualquer título dos bens produtores da renda ou proventos.

Sujeição passiva indireta

Ao lado da sujeição passiva direta, um fenômeno inerente à tributação sobre a renda é a retenção do IR na fonte, prevista no parágrafo único do art. 45 do CTN. Hodiernamente, grande parte dos fluxos de renda é sujeita à retenção na fonte, notadamente pela circunstância de que, como nos informa Aliomar Baleeiro,[82]

> é a técnica da retenção ou desconto na fonte (*stoppage at source*; *pay as you go* ou *pay as you earn*) que imprime eficiência maior à máquina de arrecadação do imposto sobre a renda, já porque previne a sonegação ou a displicência do titular dos créditos, já porque funciona com mais rapidez, comodidade, simplicidade e economia.

A natureza jurídica da retenção na fonte é questão das mais tormentosas na doutrina. Muitos autores, como Hugo de Brito Machado,[83] consideram que a fonte é o sujeito passivo da obrigação tributária. Nas palavras do autor:

---

[82] BALEEIRO, Aliomar. *Direito tributário brasileiro*. Atualiz. por Misabel Abreu Machado Derzi. Rio de Janeiro: Forense, 2003. p. 313.
[83] MACHADO, Hugo de Brito. *Curso de direito tributário*. 25. ed. São Paulo: Malheiros, 2004. p. 315.

A atribuição da condição de responsável à fonte pagadora da renda ou dos proventos não corresponde à imposição de obrigação acessória. A obrigação, no caso, é principal. Seu objeto é um pagamento. O sujeito passivo da obrigação é que deixou de ser, nessa oportunidade, o contribuinte e passou a ser o responsável. Trata-se de atribuição a terceiro de responsabilidade pelo adimplemento de obrigação tributária principal.

Entre os contribuintes do IR que estão sujeitos à retenção do imposto, merecem destaque:

1) as pessoas físicas e jurídicas residentes ou domiciliadas no exterior que são remuneradas por fonte situada no país;
2) os residentes no país que estiverem ausentes no exterior por mais de 12 meses;
3) as pessoas físicas provenientes do exterior, com visto temporário;
4) os contribuintes que continuarem a perceber rendimentos produzidos no país a partir da data em que for requerida a transferência de domicílio para o exterior.

Há que se ressaltar que aquele que deveria reter o imposto e não o faz responderá pelo recolhimento devido, sem, contudo, que se exclua a responsabilidade do contribuinte quanto à obrigação de informar, na sua declaração de ajuste, os valores recebidos, nos termos consolidados pela jurisprudência:

> TRIBUTÁRIO – IMPOSTO DE RENDA – AUSÊNCIA DE RETENÇÃO NA FONTE – SUBSTITUIÇÃO LEGAL – TRIBUTÁRIA – FONTE PAGADORA.
> A obrigação tributária nasce, por efeito da incidência da norma jurídica, originária e diretamente, contra o contribuinte ou contra o substituto legal tributário; a sujeição passiva é de um

ou de outro, e, quando escolhido o substituto legal tributário, só ele, ninguém mais, está obrigado a pagar o tributo.

O substituto tributário do imposto de renda de pessoa física responde pelo pagamento do tributo, caso não tenha feito a retenção na fonte e o recolhimento devido.

[Recurso especial de Antônio Boabaid provido e recurso da Fazenda Nacional que se julgou prejudicado].[84]

4. *Cabe à fonte pagadora reter o imposto de renda incidente sobre as verbas salariais pagas ao trabalhador; no entanto, a falta de retenção do imposto pela fonte pagadora não exclui a responsabilidade do contribuinte, que fica obrigado a informar, na sua declaração de ajuste anual, os valores recebidos. Constatada a não retenção do imposto após a data fixada para a entrega da referida declaração, a exação pode ser exigida do contribuinte, caso ele não tenha submetido os rendimentos à tributação.*

5. Recurso especial parcialmente conhecido, porém, nessa extensão, não provido.[85]

Verifica-se, ademais, a existência de entendimento que afasta a possibilidade de o contribuinte ser multado caso a fonte pagadora deixe de reter o valor do tributo devido:

RECURSO ESPECIAL. TRIBUTÁRIO. IMPORTÂNCIAS PAGAS EM DECORRÊNCIA DE SENTENÇA TRABALHISTA. IMPOSTO DE RENDA. RESPONSABILIDADE PELA RETENÇÃO E RECOLHIMENTO DO IMPOSTO.

---

[84] BRASIL. Superior Tribunal de Justiça. REsp nº 309.913/SC. Relator: ministro Paulo Medina. Segunda Turma. Julgamento em 2 de maio de 2002. *DJ*, 1º jul. 2002, grifo nosso.
[85] BRASIL. Superior Tribunal de Justiça. REsp nº 1.210.571/BA. Relator: ministro Mauro Campbell Marques. Segunda Turma. Julgamento em 23 de novembro de 2010. *Dje*, 2 dez. 2010, grifo nosso.

A falta de cumprimento do dever de recolher na fonte, ainda que importe em responsabilidade do retentor omisso, não exclui a obrigação do pagamento pelo contribuinte, que auferiu a renda, de oferecê-la à tributação, por ocasião da declaração anual, como, aliás, ocorreria se tivesse havido recolhimento na fonte. Em que pese ao erro da fonte não constituir fato impeditivo de que se exija a exação daquele que efetivamente obteve acréscimo patrimonial, *não se pode chegar ao extremo de, ao afastar a responsabilidade daquela, permitir também a cobrança de multa deste.*

Recurso especial improvido.[86]

IMPOSTO DE RENDA E ANTECIPAÇÃO

A sistemática de lançamento adotada no que tange ao IR se processa nos termos do art. 150 do CTN, modalidade que ocorre sempre nas hipóteses em que a legislação atribui ao sujeito passivo o dever de antecipar o pagamento do tributo sem prévio exame da autoridade administrativa, operando-se, assim, pelo ato em que a referida autoridade, ciente da atividade exercida pelo obrigado, expressamente a homologa, em outras palavras, sem que o sujeito ativo deva realizar formalmente o lançamento para tornar a prestação tributária exigível.[87]

Destarte, para IR, consoante a metodologia imposta pela legislação que disciplina o tema, tanto para as pessoas físicas quanto para as pessoas jurídicas, a tributação se dá em bases correntes mensais, em que as rendas e proventos para as pessoas físicas, assim como os lucros e rendimentos para as pessoas jurídicas, são tributados à medida que forem sendo auferidos

---

[86] BRASIL. Superior Tribunal de Justiça. REsp nº 644.223/SC. Relator: ministro Franciulli Netto. Segunda Turma. Julgamento em 2 de dezembro de 2004. *DJ*, 25 abr. 2005, grifo nosso.

[87] AMARO, Luciano. *Direito tributário brasileiro.* 9. ed. São Paulo: Saraiva, 2003. p. 352.

pelos respectivos beneficiários, no curso do ano-calendário, antes mesmo do momento da apuração definitiva da base de cálculo do referido tributo.

A tributação na fonte representa uma antecipação do IR, considerado como devido pelo contribuinte no momento do ajuste ou da apuração da base de cálculo. Nessa modalidade, por determinação legal, impõe-se à própria fonte pagadora a obrigação pelo pagamento do imposto, facultando-lhe a retenção, como forma de preservação de seu patrimônio, na condição de contribuinte por substituição.

No tocante às antecipações, além das hipóteses de substituição tributária (tributação na fonte), as pessoas jurídicas são obrigadas, segundo o regime de apuração, a antecipar periodicamente o pagamento do imposto: (1) por meio da apuração do lucro real, recolhimentos trimestrais ou mensais; ou (2) por meio da apuração trimestral do lucro presumido ou arbitrado, sempre se permitindo a dedução do imposto ou contribuição retidos pela fonte pagadora.

IMPOSTO DE RENDA E TRIBUTAÇÃO EXCLUSIVA

A tributação do IR exclusivamente na fonte recai sobre os rendimentos expressamente indicados na lei cuja percepção demandará a apuração e o recolhimento de forma exclusiva por sua fonte pagadora. Conforme as lições de Mary Elbe G. Queiroz Maia,[88]

> neste caso, a fonte pagadora assume, de acordo com a lei, o polo passivo da relação jurídico-tributária, como responsável tributário (em substituição ao contribuinte), e, caso não cum-

---

[88] MAIA, Mary Elbe G. Queiroz. *Imposto sobre a renda e proventos de qualquer natureza*: princípios, conceitos, regra-matriz de incidência, mínimo existencial, retenção na fonte, renda transnacional, lançamento, apreciações críticas. São Paulo: Manole, 2004. p. 160.

pra com a respectiva obrigação, a qualquer momento, o Fisco poderá exigir dela o valor do imposto e as penalidades que foram cabíveis, excluindo-se a possibilidade de ser exigido o imposto do beneficiário.

Como exemplo de rendimentos sujeitos a essa sistemática legal de tributação do IR, podem-se apresentar os valores percebidos pelo beneficiário a título de 13º salário pago aos assalariados e os rendimentos de operações financeiras realizadas por pessoas físicas, bem como o *quantum* auferido em razão da participação dos trabalhadores nos lucros ou resultados da empresa como instrumento de integração entre o capital e o trabalho e como incentivo à produtividade, na forma da Lei nº 10.101/2000 que, em seu art. 3º, § 5º, confere à pessoa jurídica a responsabilidade pela retenção e pelo recolhimento do imposto.

Tributação exclusiva e definitiva

Além das hipóteses de incidência exclusiva na fonte, a disciplina normativa da tributação do IR dispõe que os rendimentos oriundos de ganhos de capital estão sujeitos também à tributação definitiva, ou seja, o valor do imposto apurado e recolhido não poderá ser objeto de compensação na declaração anual de ajuste.

Essa impossibilidade de realização de compensação na declaração anual com relação ao IR aplica-se, para as pessoas físicas, em algumas hipóteses:

1) tributação exclusivamente na fonte, diariamente, sobre os rendimentos auferidos produzidos por títulos, aplicações

financeiras e valores mobiliários de renda fixa, e em cada operação de resgate de cotas em relação a valores mobiliários;

2) tributação pelo próprio beneficiário, em separado, incidente sobre ganhos de capital e ganhos obtidos na alienação de bens ou direitos de qualquer natureza, até mesmo em operações com ouro, bem como na tributação mensal dos ganhos obtidos no mercado de renda variável; operações realizadas em bolsas de valores, de mercadorias, de futuros ou assemelhados;

3) tributação definitiva e exclusivamente na fonte sobre os rendimentos pagos a título de décimo terceiro salário;

4) tributação exclusiva e definitiva à alíquota de 30% sobre os lucros decorrentes de prêmios em dinheiro obtidos em loterias, inclusive as instantâneas, mesmo as de finalidade assistencial, ainda que exploradas diretamente pelo Estado, concursos desportivos em geral, compreendidos os de turfe e sorteios de qualquer espécie, exclusive os de antecipação nos títulos de capitalização e os de amortização e resgate das ações das sociedades anônimas (art. 676 do RIR/1999);

5) tributação exclusiva e definitiva à alíquota de 30% sobre os prêmios em concursos de prognósticos desportivos, seja qual for o valor do rateio atribuído a cada ganhador (art. 676 do RIR/1999);

6) tributação exclusiva e definitiva à alíquota de 25% sobre os benefícios líquidos resultantes da amortização antecipada, mediante sorteio, dos títulos de economia denominados capitalização ou sobre os benefícios atribuídos aos portadores de títulos de capitalização nos lucros da empresa emitente, pagos à pessoa física (art. 678 do RIR/1999);

7) tributação exclusiva e definitiva à alíquota de 15% sobre os prêmios pagos aos proprietários e criadores de cavalos de corrida, pessoa física (art. 679 do RIR/1999).

Solidariedade e subsidiariedade na retenção

É consabido que o Código Tributário Nacional (CTN) estabelece basicamente dois tipos de sujeitos passivos da obrigação tributária principal: o contribuinte e o responsável.

Nos termos do que foi previsto no art. 128 do CTN,[89] responsável é a pessoa que, embora não tendo uma relação direta com o fato gerador, receba expressamente por lei a obrigação de efetuar o pagamento do tributo.

O art. 45 do CTN, ao disciplinar o contribuinte do imposto sobre a renda e proventos de qualquer natureza, estabelece, em seu parágrafo único, que "a lei pode atribuir à fonte pagadora da renda ou dos proventos tributáveis a condição de responsável pelo imposto cuja retenção e recolhimento lhe caibam".

A responsabilidade tributária divide-se em solidária e subsidiária, a teor do que dispõe o art. 124 do CTN.

O conceito de solidariedade é oriundo do direito civil, mais precisamente do art. 264 do Código Civil, segundo o qual há solidariedade quando na mesma obrigação concorre mais de um credor, ou mais de um devedor, cada um com direito, ou obrigado, à dívida toda. O instituto da solidariedade, por definição, não comporta o benefício de ordem. O legislador, entretanto, no parágrafo único do art. 124 do CTN, reforça expressamente essa situação ao estipular que a solidariedade no direito tributário não comporta esse benefício. Ainda, de acordo com o art. 265 do Código Civil, a solidariedade não se presume; resulta da lei ou da vontade das partes.

Na solidariedade, a obrigação surge também para o responsável tributário, mas o contribuinte continua devedor. Há uma

---

[89] CTN: "Art. 128. [...] a lei pode atribuir de modo expresso a responsabilidade pelo crédito tributário a terceira pessoa, vinculada ao fato gerador da respectiva obrigação, excluindo a responsabilidade do contribuinte ou atribuindo-a a este em caráter supletivo do cumprimento total ou parcial da referida obrigação".

divisão de responsabilidade entre contribuinte e responsável, podendo o fisco escolher um deles para cobrar totalmente o débito ou eventual saldo.

O CTN, no art. 134, ao disciplinar a solidariedade, acaba aproximando-a da subsidiariedade, na medida em que, excepcionando a regra geral do art. 124, que estabelece não ser admissível benefício de ordem na solidariedade, praticamente a admite, ao estabelecer que os responsáveis solidários somente serão chamados a responder pela obrigação tributária se o contribuinte estiver impossibilitado de cumpri-la.

O Regulamento do Imposto de Renda (RIR) trata dos responsáveis no Subtítulo II do Título I (contribuintes e responsáveis), nos arts. 23 a 27. Especificamente no art. 26, dispõe:

> As firmas ou sociedades nacionais e as filiais, sucursais ou agências, no País, de firmas ou sociedades com sede no exterior, são responsáveis pelos débitos do imposto correspondentes aos rendimentos que houverem pago a seus diretores, gerentes e empregados e de que não tenham dado informação à repartição, quando estes se ausentarem do País sem os terem solvido.

Quanto à subsidiariedade, a figura do contribuinte subsiste como o responsável pelo pagamento do tributo, mas, por impossibilidade material deste, é legalmente instituído um responsável subsidiário para quitar a obrigação tributária.

Mister, assim, é mencionar que a retenção, pela fonte pagadora, do valor do imposto sem seu posterior recolhimento afasta a responsabilidade do contribuinte que sofre a referida retenção, como indica o precedente exposto:

> TRIBUTÁRIO. IMPOSTO DE RENDA. RETENÇÃO NA FONTE COMPROVADA. ALUGUEL. RESPONSABILIDADE DA FONTE PAGADORA.

> 1. A retenção do Imposto de Renda pela fonte pagadora, na forma da legislação tributária, afasta a responsabilidade da pessoa física que recebeu o valor do aluguel com o desconto do tributo.
> 2. Recurso Especial não provido.[90]

Em relação à restituição do imposto de renda retido, saliente-se que a fonte pagadora não dispõe da legitimidade ativa exigida para tal, como já decidido:

> 1. A repetição de indébito tributário pode ser postulada pelo sujeito passivo que pagou, ou seja, que arcou efetivamente com ônus financeiro da exação. Inteligência dos arts. 121 e 165 do CTN.
> 2. *A empresa que é a fonte pagadora não tem legitimidade ativa para postular repetição de indébito de imposto de renda que foi retido quando do pagamento para a empresa contribuinte.* Isso porque a obrigação legal imposta pelo art. 45, parágrafo único, do CTN é a de proceder a retenção e o repasse ao fisco do imposto de renda devido pelo contribuinte. Não há propriamente pagamento por parte da responsável tributária, uma vez que o ônus econômico da exação é assumido direta e exclusivamente pelo contribuinte que realizou o fato gerador correspondente, cabendo a esse, tão somente, o direito à restituição [Precedentes].
> 3. Conforme assentado pelo acórdão recorrido, *a alegada autorização outorgada pela contribuinte substituída, quando muito, possibilitaria a recorrente ingressar com a demanda em nome da contribuinte substituída, na qualidade de mandatária, mas não em nome próprio* (art. 6º do CPC).
> 4. Recurso especial não provido.[91]

---

[90] BRASIL. Superior Tribunal de Justiça. REsp nº 652.293/PR. Relator: ministro Herman Benjamin. Segunda Turma. Julgamento em 12 de junho de 2007. *DJe*, 6 mar. 2008, grifo nosso.
[91] BRASIL. Superior Tribunal de Justiça. REsp nº 1.318.163/PR. Relator: ministro Benedito Gonçalves. Primeira Turma. Julgamento em 20 de maio de 2014. *DJe*, 27 maio 2014, grifos nossos.

Por fim, quando o pagamento é realizado por meio de depósito judicial, não poderá ser imputada à fonte pagadora a responsabilidade pelo recolhimento do imposto, como também decidido:

> TRIBUTÁRIO. IMPOSTO DE RENDA RETIDO NA FONTE. DECISÃO JUDICIAL. RESPONSÁVEL TRIBUTÁRIO.
> 1. "O imposto sobre a renda incidente sobre os rendimentos pagos em cumprimento de decisão judicial será retido na fonte pela pessoa física ou jurídica obrigada ao pagamento, no momento em que, por qualquer forma, o rendimento se torne disponível para o beneficiário" (art. 46 da Lei nº 8.541/92).
> 2. *Esta Corte tem entendido que nos casos em que os valores são pagos em depósito judicial, não há como se debitar à fonte pagadora a responsabilidade pelo recolhimento do tributo, uma vez que cumpre ordem judicial, tampouco à Justiça, a quem cabe apenas liberar os valores depositados. Com isso cabe ao contribuinte efetuar o pagamento do imposto devido, por ocasião do ajuste anual.*
> 3. Recurso especial improvido.[92]

Questões de automonitoramento

1) Após ler este capítulo, você é capaz de resumir o caso gerador do capítulo 7, identificando as partes envolvidas, os problemas atinentes e as soluções cabíveis?
2) Qual a natureza jurídica da retenção na fonte?
3) Diferencie as sistemáticas de tributação na fonte, tributação exclusivamente na fonte e tributação definitiva.
4) Incide IR sobre juros sobre capital próprio?

---

[92] BRASIL. Superior Tribunal de Justiça. REsp nº 457.539/SC. Relator: ministro Castro Meira. Segunda Turma. Julgamento em 12 de maio de 2005. *DJ*, 20 jun. 2005, grifo nosso.

5) Enuncie os métodos de apuração de preços parâmetros que têm por objetivo garantir que os preços fixados para apurar o lucro real, presumido ou arbitrado e a base de cálculo da contribuição social sobre o lucro líquido se aproximem dos preços do mercado.

6) Pense e descreva, mentalmente, alternativas para a solução do caso gerador do capítulo 7.

3

IRPJ – Apuração do tributo: lucro presumido, lucro arbitrado, Simples, lucro real

Roteiro de estudo

Para iniciarmos o assunto, é primordial que sejam indicadas as entidades sujeitas à tributação do imposto de renda (IR) aqui estudado. Como o próprio nome diz, estão sujeitas ao IRPJ as pessoas jurídicas e as pessoas físicas a elas equiparadas, domiciliadas no Brasil.

O imposto de renda das pessoas jurídicas pode ser apurado com base nos seguintes regimes de tributação: lucro real, lucro presumido ou lucro arbitrado. A depender do regime adotado o período de apuração poderá ser trimestral ou anual.

Frisa-se que, salvo poucas exceções, a legislação tributária não permite alteração da sistemática quanto ao regime de apuração no mesmo exercício, motivo pelo qual a opção por uma das modalidades terá efeito em todo o ano-base.

O regime deve ser definido no primeiro pagamento do imposto, a ser recolhido em fevereiro de cada ano, ou até o último dia útil de janeiro, para os optantes do Simples Nacional.

Trata-se, como visto, de relevante decisão a ser tomada pela administração da sociedade empresária, devendo ela decidir, quando a lei assim autorizar, qual é a melhor opção para o regime de apuração do imposto de renda das pessoas jurídicas, que passamos a analisar.

Lucro presumido

Podemos definir lucro presumido como "uma forma de tributação simplificada para determinação da base de cálculo do imposto de renda e da contribuição social sobre o lucro líquido (CSLL) das pessoas jurídicas que não estiverem obrigadas, no ano-calendário, à apuração do lucro real. O imposto de renda é devido trimestralmente".[93]

No que se refere ao IRPJ, este incidirá sobre receitas com base na aplicação de um percentual de presunção variável, de 1,6% a 32%, aplicável sobre o faturamento, a depender da atividade exercida. Vejamos:

1) 1,6% – revenda para consumo de combustível derivado de petróleo; álcool etílico carburante e gás natural;
2) 8% – venda de mercadorias; transporte de cargas; serviços hospitalares; atividades imobiliárias; indústrias gráficas; construção por empreitada com emprego de material próprio;
3) 16% – serviços de transporte (exceto cargas); serviços em geral cuja receita bruta anual seja inferior a R$ 120.000,00 (exceto hospitalares, de transporte, de profissão regulamentada);
4) 32% – serviços em geral (inclusive mão de obra para construção civil e profissão regulamentada); intermediação de negócios; administração, locação ou cessão de bens móveis, imóveis e de direitos de qualquer natureza.

---

[93] Disponível em: <www.receita.fazenda.gov.br/pessoajuridica/dipj/2000/orientacoes/lucropresumido.htm>. Acesso em: 8 set. 2012.

Note-se que receitas financeiras percebidas pela sociedade devem ser tributadas integralmente, ou seja, em termos práticos, é aplicado o percentual de 100% sobre as receitas auferidas.

No que tange à base de cálculo da CSLL devida pelas pessoas jurídicas optantes pelo lucro presumido, por força do art. 22 da Lei nº 10.684/2003, esta corresponderá a 12% da receita bruta nas atividades comerciais, industriais, serviços hospitalares e de transporte; e 32% para prestação de serviços em geral, exceto a de serviços hospitalares e de transporte, intermediação de negócios, e administração, locação ou cessão de bens imóveis, móveis e de direitos de qualquer natureza.

Cabe ainda ressaltar que a base de cálculo do imposto de renda no lucro presumido será o montante determinado pela soma das seguintes parcelas auferidas no período de apuração trimestral: (1) o valor resultante da aplicação dos percentuais supracitados (de que trata o art. 15 da Lei nº 9.249, de 26 de dezembro de 1995) sobre a receita bruta (definida pelo art. 31 da Lei nº 8.981, de 20 de janeiro de 1995); e (2) os ganhos de capital, os rendimentos e ganhos líquidos auferidos em aplicações financeiras, as demais receitas e os resultados positivos decorrentes de receitas não abrangidas no item anterior.

Podemos destacar que a principal característica dessa modalidade é que ela se baseia na aplicação de um percentual sobre o lucro. Ou seja, na prática, tenta-se presumir a margem de lucro da empresa e, assim, encontrar a base de cálculo do IRPJ e da CSLL.

Essa modalidade de tributação se constitui na melhor opção para sociedades empresárias com margens de lucratividade superior às alíquotas de presunção.

Conforme exposto, a opção pela tributação com base no lucro presumido será definitiva em relação a todo o ano-calendário, de acordo com o que dispõe o § 1º do art. 13 da Lei nº 9.718/1998, ou seja, restou revogada a faculdade disposta no art.

26, § 3º, da Lei nº 9.430/1996, que previa a alteração de regime no curso do ano-calendário.

Atualmente, a pessoa jurídica que pagar o imposto com base no lucro presumido e que, em relação ao mesmo ano-calendário, alterar a opção, passando a ser tributada com base no lucro real, por exemplo, ficará sujeita ao pagamento de multa e juros moratórios sobre a diferença de imposto pago a menor.

Frise-se que essa mudança somente será admitida quando formalizada até a entrega da correspondente declaração de rendimentos e antes de iniciado o procedimento de ofício relativo a qualquer dos períodos de apuração do respectivo ano-calendário.

Se, no entanto, a pessoa jurídica que pagou o imposto com base no lucro presumido vier a incorrer, no mesmo ano-calendário, em situação de obrigatoriedade de apuração pelo lucro real, por exemplo, caso tenha auferido lucros, rendimentos ou ganhos de capital oriundos do exterior, deverá apurar o IRPJ e a CSLL sob o regime de apuração pelo lucro real sem que haja qualquer sanção relativa ao período no qual recolheu pela sistemática do lucro presumido.

A apuração do IRPJ pelo lucro presumido ocorre trimestralmente e sua opção manifesta-se por meio do pagamento da primeira ou única cota do imposto devido correspondente ao primeiro período de apuração de cada ano-calendário, nos termos do art. 516, § 4º, do RIR, e ainda, nos moldes do art. 26, § 1º, da Lei nº 9.430/1996.

Por exemplo, a pessoa jurídica que iniciar atividades a partir do segundo trimestre manifestará a opção com o pagamento da primeira cota do imposto devido relativa ao período de apuração do início de atividade.

Cabe ressaltar que existem alguns requisitos para que seja possível a utilização do lucro presumido. Notadamente, qualquer entidade que se enquadre nos impedimentos listados no art. 14 da Lei nº 9.718/1998 não poderá optar pelo lucro presumido. Vejamos:

1) tenha tido receita total no ano-calendário anterior de R$ 78.000.000,00 ou o proporcional ao número de meses do período, quando inferior a 12 meses;
2) exerça atividade de instituição financeira ou equiparada;
3) tenha lucro, rendimento ou ganhos de capital oriundos do exterior;
4) tenha, no decorrer do ano, efetuado pagamento mensal pelo regime de estimativa;
5) exerça atividade de *factoring*;
6) explore as atividades de securitização de créditos imobiliários, financeiros e do agronegócio.

Assim, somente a pessoa jurídica cuja receita bruta total, no ano-calendário anterior, tenha sido igual ou inferior a R$ 78 milhões (antes R$ 48 milhões) ou a R$ 6,5 milhões, multiplicados pelo número de meses de atividade do ano-calendário anterior, quando inferior a 12 meses, poderá optar pelo regime de tributação com base no lucro presumido.

Relativamente aos limites mencionados acima, a receita bruta auferida no ano anterior será considerada segundo o regime de competência ou de caixa, observado o critério adotado pela pessoa jurídica, caso tenha, naquele ano, optado pela tributação com base no lucro presumido.

Cabe lembrar que regime de competência, em síntese, é aquele que considera como ocorrido o fato no momento do registro do recebimento das receitas e/ou do pagamento das despesas, independentemente de seu recebimento efetivo.

Já o regime de caixa é aquele que considera ocorrido o fato no momento do recebimento ou pagamento efetivo das receitas e despesas, no período de seu recebimento e liquidação, não levando em consideração o momento em que são realizadas.

Ou seja, são vedadas a optar pelo lucro presumido as pessoas jurídicas que, por determinação legal (art. 14 da Lei nº

9.718/1998 e art. 246 do RIR/1999), estão obrigadas à apuração do lucro real.

Também não poderão optar pelo regime de tributação com base no lucro presumido as pessoas jurídicas que exercem atividades de compra e venda, loteamento, incorporação e construção de imóveis, enquanto não concluídas as operações imobiliárias para as quais haja registro de custo orçado.

Vale destacar que, de acordo com o que dispõe a Medida Provisória (MP) nº 2.004-3, de 14 de dezembro de 1999, e suas reedições, as pessoas jurídicas elencadas nos incisos I, III, IV e V do art. 14 da Lei nº 9.718/1998 (mencionado supra) que optarem pelo Programa de Recuperação Fiscal (Refis) poderão, durante o período em que estiverem a ele submetidas, adotar o regime de tributação com base no lucro presumido.

Lucro arbitrado

Podemos conceituar o lucro arbitrado como uma forma de apuração da base de cálculo do imposto de renda utilizada pela autoridade tributária ou pelo contribuinte, aplicável pela autoridade tributária quando a pessoa jurídica deixar de cumprir as obrigações acessórias relativas à determinação do lucro real ou presumido, conforme o caso. Ou seja, podemos afirmar que a apuração pelo lucro arbitrado pode ser uma opção do contribuinte ou uma obrigação decorrente de falhas na sua apuração ou guarda de documentos.

Insta ressaltar que se tem optado por esse regime de tributação quando a empresa não tem condições (ou por motivos diversos não o pode fazer) de utilizar os outros métodos. Entre os motivos que obrigam as empresas a se submeter ao lucro arbitrado estão: deixar de apresentar livros (comerciais ou fiscais) ou fichas de razão; não apresentar documentação, solicitada pelo fisco, o que torna impossível a verificação da apuração de imposto por outra sistemática; ou possuir escrituração imprestável.

Cumpre lembrar que após o lançamento tributário, ou seja, após a lavratura do auto de infração, não será afastado o arbitramento devido à apresentação desses documentos.

O lucro arbitrado será o montante determinado pela soma das seguintes parcelas, auferidas no período de apuração trimestral: (1) o valor resultante da aplicação dos percentuais de que trata o art. 16 da Lei nº 9.249, de 26 de dezembro de 1995, sobre a receita bruta definida pelo art. 31 da Lei nº 8.981, de 20 de janeiro de 1995; e (2) os ganhos de capital, os rendimentos e ganhos líquidos auferidos em aplicações financeiras, as demais receitas e os resultados positivos decorrentes de receitas não abrangidas pelo item anterior.

Via de regra, o lucro arbitrado terá percentuais de presunção semelhantes ao lucro presumido, acrescidos, porém, de 20%.

Na apuração do lucro arbitrado, quando não conhecida a receita bruta, poderá ser aplicada, a critério do fisco, uma das alternativas abaixo:

1) 1,5 do lucro real relativo ao último período em que a pessoa jurídica manteve a escrituração, atualizado monetariamente;
2) 0,04 da soma dos valores do ativo circulante realizável em longo prazo e permanente existentes no último balanço conhecido;
3) 0,07 do valor do capital, incluindo a reserva de capital, do último balanço conhecido ou registrado;
4) 0,05 do valor do patrimônio líquido constante do último balanço patrimonial conhecido;
5) 0,4 do valor das compras de mercadorias efetuadas no mês;
6) 0,4 da soma dos valores de folha de pagamento e das compras de matérias-primas, produtos intermediários e materiais de embalagem;

7) 0,8 dos valores devidos no mês aos empregados;
8) 0,9 do valor mensal do aluguel devido.

Como já exposto, a apuração IRPJ será feita com base no lucro arbitrado em caráter excepcional, ou seja, quando a pessoa jurídica optante de outro regime não cumprir suas obrigações fiscais (ou não puder cumprir), incorrer em fraude, dissimulação etc. E há a possibilidade de o arbitramento vir a ser escolhido pelo contribuinte. Dispõe o § 1º do art. 47 da Lei nº 8.981/1995 que, conhecida a receita bruta, o contribuinte poderá efetuar o pagamento do imposto de renda correspondente com base no lucro arbitrado.

A situação elencada anteriormente é referendada pelo RIR/1999 ao dispor que, quando conhecida a receita bruta, e desde que ocorridas as hipóteses previstas no próprio regulamento, o contribuinte poderá efetuar o pagamento do imposto correspondente com base no lucro arbitrado.

Simples Nacional

Podemos definir o Simples Nacional como um regime compartilhado de arrecadação, cobrança e fiscalização de tributos aplicável às microempresas e empresas de pequeno porte, previsto na Lei Complementar nº 123, de 14 de dezembro de 2006.[94]

Como dito, a apuração do IRPJ também pode ser feita pelo Simples Nacional, no entanto essa opção é exclusiva para microempresas (ME) e empresas de pequeno porte (EPP) cujo faturamento será ainda mais restrito do que o definido para lucro presumido.

---

[94] Disponível em: <www8.receita.fazenda.gov.br/SimplesNacional/Documentos/Pagina.aspx?id=3>. Acesso em: 21 ago. 2014.

O Simples Nacional disciplina a concessão de tratamento favorecido e diferenciado para as microempresas e empresas de pequeno porte e, atualmente, com a edição da Lei Complementar nº 128/2008, também aos microempreendedores individuais (MEI).

Os principais atrativos desse regime são sua aparente simplicidade, resultando em menor burocracia no pagamento de impostos, e as alíquotas relativamente baixas, mais especificamente entre 4% e 17,42%, a depender da atividade exercida e da receita bruta auferida nos 12 meses anteriores.

Em contrapartida, de acordo com a Resolução CGSN nº 94, de 29 de novembro de 2011:

> Art. 15. Não poderá recolher os tributos na forma do Simples Nacional a ME ou EPP: (Lei Complementar nº 123, de 2006, art. 17, caput)
>
> I - que tenha auferido, no ano-calendário imediatamente anterior ou no ano-calendário em curso, receita bruta superior a R$ 3.600.000,00 (três milhões e seiscentos mil reais) no mercado interno ou superior ao mesmo limite em exportação para o exterior, observado o disposto nos §§ 2º e 3º do art. 2º e §§ 1º e 2º do art. 3º; (Lei Complementar nº 123, de 2006, art. 3º, inciso II e §§ 2º, 9º, 9º-A, 10, 12 e 14) (Redação dada pelo(a) Resolução CGSN nº 117, de 02 de dezembro de 2014)
>
> II - de cujo capital participe outra pessoa jurídica; (Lei Complementar nº 123, de 2006, art. 3º, § 4º, inciso I)
>
> III - que seja filial, sucursal, agência ou representação, no País, de pessoa jurídica com sede no exterior; (Lei Complementar nº 123, de 2006, art. 3º, § 4º, inciso II)
>
> IV - de cujo capital participe pessoa física que seja inscrita como empresário ou seja sócia de outra empresa que receba tratamento jurídico diferenciado nos termos da Lei Complementar nº 123, de 2006, desde que a receita bruta global ultrapasse

um dos limites máximos de que trata o inciso I do *caput*; (Lei Complementar nº 123, de 2006, art. 3º, § 4º, inciso III, § 14)

V - cujo titular ou sócio participe com mais de 10% (dez por cento) do capital de outra empresa não beneficiada pela Lei Complementar nº 123, de 2006, desde que a receita bruta global ultrapasse um dos limites máximos de que trata o inciso I do *caput*; (Lei Complementar nº 123, de 2006, art. 3º, § 4º, inciso IV, § 14)

VI - cujo sócio ou titular seja administrador ou equiparado de outra pessoa jurídica com fins lucrativos, desde que a receita bruta global ultrapasse um dos limites máximos de que trata o inciso I do *caput*; (Lei Complementar nº 123, de 2006, art. 3º, § 4º, inciso V, § 14)

VII - constituída sob a forma de cooperativas, salvo as de consumo; (Lei Complementar nº 123, de 2006, art. 3º, § 4º, inciso VI)

VIII - que participe do capital de outra pessoa jurídica; (Lei Complementar nº 123, de 2006, art. 3º, § 4º, inciso VII)

IX - que exerça atividade de banco comercial, de investimentos e de desenvolvimento, de caixa econômica, de sociedade de crédito, financiamento e investimento ou de crédito imobiliário, de corretora ou de distribuidora de títulos, valores mobiliários e câmbio, de empresa de arrendamento mercantil, de seguros privados e de capitalização ou de previdência complementar; (Lei Complementar nº 123, de 2006, art. 3º, § 4º, inciso VIII)

X - resultante ou remanescente de cisão ou qualquer outra forma de desmembramento de pessoa jurídica que tenha ocorrido em um dos 5 (cinco) anos-calendário anteriores; (Lei Complementar nº 123, de 2006, art. 3º, § 4º, inciso IX)

XI - constituída sob a forma de sociedade por ações; (Lei Complementar nº 123, de 2006, art. 3º, § 4º, X)

XII - que explore atividade de prestação cumulativa e contínua de serviços de assessoria creditícia, gestão de crédito, seleção e riscos, administração de contas a pagar e a receber, gerenciamento de ativos ( ), compras de direitos creditórios resultantes de vendas mercantis a prazo ou de prestação de serviços (factoring); (Lei Complementar nº 123, de 2006, art. 17, inciso I)

XIII - que tenha sócio domiciliado no exterior; (Lei Complementar nº 123, de 2006, art. 17, inciso II)

XIV - de cujo capital participe entidade da administração pública, direta ou indireta, federal, estadual ou municipal; (Lei Complementar nº 123, de 2006, art. 17, inciso III)

XV - que possua débito com o Instituto Nacional do Seguro Social (INSS), ou com as Fazendas Públicas Federal, Estadual ou Municipal, cuja exigibilidade não esteja suspensa; (Lei Complementar nº 123, de 2006, art. 17, inciso V)

XVI - que preste serviço de transporte intermunicipal e interestadual de passageiros, exceto: (Lei Complementar nº 123, de 2006, art. 17, inciso VI) (Redação dada pelo(a) Resolução CGSN nº 117, de 02 de dezembro de 2014)

a) na modalidade fluvial; ou (Incluído(a) pelo(a) Resolução CGSN nº 117, de 02 de dezembro de 2014)

b) nas demais modalidades, quando: (Incluído(a) pelo(a) Resolução CGSN nº 117, de 02 de dezembro de 2014)

1. possuir características de transporte urbano ou metropolitano; ou (Incluído(a) pelo(a) Resolução CGSN nº 117, de 02 de dezembro de 2014)

2. realizar-se sob fretamento contínuo em área metropolitana para o transporte de estudantes ou trabalhadores; (Incluído(a) pelo(a) Resolução CGSN nº 117, de 02 de dezembro de 2014)

XVII - que seja geradora, transmissora, distribuidora ou comercializadora de energia elétrica; (Lei Complementar nº 123, de 2006, art. 17, inciso VII)

XVIII - que exerça atividade de importação ou fabricação de automóveis e motocicletas; (Lei Complementar nº 123, de 2006, art. 17, inciso VIII)

XIX - que exerça atividade de importação de combustíveis; (Lei Complementar nº 123, de 2006, art. 17, inciso IX)

XX - que exerça atividade de produção ou venda no atacado de: (Lei Complementar nº 123, de 2006, art. 17, inciso X)

a) cigarros, cigarrilhas, charutos, filtros para cigarros, armas de fogo, munições e pólvoras, explosivos e detonantes;

b) bebidas a seguir descritas:

1. alcoólicas;

2. [...] (Revogado(a) pelo(a) Resolução CGSN nº 115, de 04 de setembro de 2014) (Vide Resolução CGSN nº 115, de 04 de setembro de 2014)

3. [...] (Revogado(a) pelo(a) Resolução CGSN nº 115, de 04 de setembro de 2014) (Vide Resolução CGSN nº 115, de 04 de setembro de 2014)

4. cervejas sem álcool;

XXI - [...] (Revogado(a) pelo(a) Resolução CGSN nº 117, de 02 de dezembro de 2014)

XXII - que realize cessão ou locação de mão de obra; (Lei Complementar nº 123, de 2006, art. 17, inciso XII)

XXIII - [...] (Revogado(a) pelo(a) Resolução CGSN nº 117, de 02 de dezembro de 2014)

XXIV - que se dedique ao loteamento e à incorporação de imóveis; (Lei Complementar nº 123, de 2006, art. 17, inciso XIV)

XXV - que realize atividade de locação de imóveis próprios, exceto quando se referir a prestação de serviços tributados pelo ISS; (Lei Complementar nº 123, de 2006, art. 17, inciso XV)

XXVI - com ausência de inscrição ou com irregularidade em cadastro fiscal federal, municipal ou estadual, quando exigível, observadas as disposições específicas relativas ao MEI. (Lei Complementar nº 123, de 2006, art. 17, inciso XVI e § 4º)

Eram vedadas aos optantes do Simples Nacional até 31 de dezembro de 2014 e passaram a ser permitidas a partir de 1º de janeiro de 2015 as seguintes atividades, de acordo com o art. 17 da Lei Complementar nº 123/2006:

1) produção ou venda no atacado de: refrigerantes, inclusive águas saborizadas gaseificadas; preparações compostas, não alcoólicas (extratos concentrados ou sabores concentrados) para elaboração de bebida refrigerante, com capacidade de diluição de até 10 partes da bebida para cada parte do concentrado;

2) prestação de serviços decorrentes do exercício de atividade intelectual, de natureza técnica, científica, desportiva, artística ou cultural, que constitua profissão regulamentada ou não, bem como a que preste serviços de instrutor, de corretor, de despachante ou de qualquer tipo de intermediação de negócios;

3) serviços de consultoria.

O serviço de transporte intermunicipal e interestadual de passageiros sempre foi e continua sendo vedado aos optantes do Simples Nacional. A diferença é que, a partir de 1º de janeiro de 2015, é permitido aos optantes do Simples Nacional quando for prestado na modalidade fluvial ou quando possuir características de transporte urbano ou metropolitano ou realizar-se sob fretamento contínuo em área metropolitana para o transporte de estudantes ou trabalhadores.

Podem optar pelo Simples Nacional as ME e as EPP que se dediquem à prestação de serviços não listados acima, bem como as que exerçam o comércio, a indústria e as atividades abaixo, desde que não as exerçam em conjunto com outras atividades impeditivas (lista atualizada em função da Lei Complementar nº 147, de 2014. Base legal: art. 17, §§ 1º e 2º, e art. 18, § 5º, I, da Lei Complementar nº 123/2006):

1) creche, pré-escola e estabelecimento de ensino fundamental, escolas técnicas, profissionais e de ensino médio, de

línguas estrangeiras, de artes, cursos técnicos de pilotagem, preparatórios para concursos, gerenciais e escolas livres;

2) agência terceirizada de correios;

3) agência terceirizada de correios;

4) agência de viagem e turismo;

5) centro de formação de condutores de veículos automotores de transporte terrestre de passageiros e de carga;

6) agência lotérica;

7) serviços de instalação, de reparos e de manutenção em geral, bem como de usinagem, solda, tratamento e revestimento em metais;

8) transporte municipal de passageiros;

9) escritórios de serviços contábeis;

10) produções cinematográficas, audiovisuais, artísticas e culturais, sua exibição ou apresentação, inclusive no caso de música, literatura, artes cênicas, artes visuais, cinematográficas e audiovisuais;

11) fisioterapia;

12) corretagem de seguros;

13) construção de imóveis e obras de engenharia em geral, inclusive sob a forma de subempreitada, execução de projetos e serviços de paisagismo, bem como decoração de interiores;

14) serviço de vigilância, limpeza ou conservação;

15) serviços advocatícios;

16) administração e locação de imóveis de terceiros;

17) academias de dança, de capoeira, de ioga e de artes marciais;

18) academias de atividades físicas, desportivas, de natação e escolas de esportes;

19) elaboração de programas de computadores, inclusive jogos eletrônicos, desde que desenvolvidos em estabelecimento do optante;

20) licenciamento ou cessão de direito de uso de programas de computação;

21) planejamento, confecção, manutenção e atualização de páginas eletrônicas, desde que realizados em estabelecimento do optante;
22) empresas montadoras de estandes para feiras;
23) laboratórios de análises clínicas ou de patologia clínica;
24) serviços de tomografia, diagnósticos médicos por imagem, registros gráficos e métodos óticos, bem como ressonância magnética;
25) serviços de prótese em geral;
26) medicina, inclusive laboratorial e enfermagem;
27) medicina veterinária;
28) odontologia;
29) psicologia, psicanálise, terapia ocupacional, acupuntura, podologia, fonoaudiologia, clínicas de nutrição e de vacinação e bancos de leite;
30) serviços de comissaria, de despachantes, de tradução e de interpretação;
31) arquitetura, engenharia, medição, cartografia, topografia, geologia, geodésia, testes, suporte e análises técnicas e tecnológicas, pesquisa, design, desenho e agronomia;
32) representação comercial e demais atividades de intermediação de negócios e serviços de terceiros;
33) perícia, leilão e avaliação;
34) auditoria, economia, consultoria, gestão, organização, controle e administração;
35) jornalismo e publicidade;
36) agenciamento, exceto de mão de obra;
37) outras atividades do setor de serviços que tenham por finalidade a prestação de serviços decorrentes do exercício de atividade intelectual, de natureza técnica, científica, desportiva, artística ou cultural, que constitua profissão regulamentada ou não.

Eram vedadas aos optantes do Simples Nacional até 31 de dezembro de 2014 e passaram a ser permitidas, a partir de 1º de janeiro de 2015, as seguintes atividades (art. 18 da Lei Complementar nº 123/2006):

1) fisioterapia;
2) corretagem de seguros;
3) corretagem de seguros;
4) serviços advocatícios;
5) medicina, inclusive laboratorial e enfermagem;
6) medicina veterinária;
7) odontologia;
8) psicologia, psicanálise, terapia ocupacional, acupuntura, podologia, fonoaudiologia, clínicas de nutrição e de vacinação e bancos de leite;
9) serviços de comissaria, de despachantes, de tradução e de interpretação;
10) arquitetura, engenharia, medição, cartografia, topografia, geologia, geodésia, testes, suporte e análises técnicas e tecnológicas, pesquisa, design, desenho e agronomia;
11) representação comercial e demais atividades de intermediação de negócios e serviços de terceiros;
12) perícia, leilão e avaliação;
13) auditoria, economia, consultoria, gestão, organização, controle e administração;
14) jornalismo e publicidade;
15) agenciamento, exceto de mão de obra;
16) outras atividades do setor de serviços que tenham por finalidade a prestação de serviços decorrentes do exercício de atividade intelectual, de natureza técnica, científica, desportiva, artística ou cultural, que constitua profissão regulamentada ou não.

Até 31 de dezembro de 2014, para serem permitidas aos optantes do Simples Nacional, a administração e a locação de imóveis de terceiros deveriam ser prestadas cumulativamente. A partir de 1º de janeiro de 2015, isso deixou de ser exigível.

Mais uma facilidade do referido regime, é que ele institui o documento de arrecadação do Simples Nacional (DAS), que abrange não só o IRPJ e a CSLL, mas também o PIS/Pasep, Cofins, IPI, ICMS, ISS e a contribuição para a seguridade social destinada à previdência social a cargo da pessoa jurídica.

Para auxiliar os optantes pelo Simples Nacional foi disponibilizado o programa gerador do documento de arrecadação do Simples Nacional (PGDAS-D), um aplicativo disponível no portal do Simples Nacional na internet. Serve para o contribuinte efetuar o cálculo dos tributos devidos mensalmente na forma do Simples Nacional e imprimir o documento de arrecadação (DAS).

O PGDAS-D está disponível para os períodos de apuração a partir de janeiro de 2012.

Lucro real

Pode ser definido como o regime em que a base de cálculo do imposto sobre a renda é apurada segundo registros contábeis e fiscais efetuados sistematicamente de acordo com as leis comerciais e fiscais.

O lucro real pode ser definido como "o próprio lucro tributável, para fins da legislação do imposto de renda, distinto do lucro líquido apurado contabilmente".[95]

A apuração do lucro real é feita na parte "A" do livro de apuração do lucro real (Lalur), mediante adições e exclusões ao lucro líquido do período de apuração (trimestral ou anual) do

---

[95] Disponível em: <www.receita.fazenda.gov.br/pessoajuridica/dipj/2005/pergresp2005/pr242a264.htm>. Acesso em: 23 ago. 2013.

imposto e compensações de prejuízos fiscais autorizadas pela legislação do imposto de renda, de acordo com as determinações contidas na Instrução Normativa (IN) SRF nº 28/1978, e demais atos legais e infralegais posteriores.

Como disposto na Lei nº 9.718/ 1998:

Art. 14. Estão obrigadas à apuração do lucro real as pessoas jurídicas:

I - cuja receita total no ano-calendário anterior seja superior ao limite de R$ 78.000.000,00 (setenta e oito milhões de reais) ou proporcional ao número de meses do período, quando inferior a 12 (doze) meses; (Redação dada pela Lei nº 12.814, de 2013) (Vigência)

II - cujas atividades sejam de bancos comerciais, bancos de investimentos, bancos de desenvolvimento, caixas econômicas, sociedades de crédito, financiamento e investimento, sociedades de crédito imobiliário, sociedades corretoras de títulos, valores mobiliários e câmbio, distribuidoras de títulos e valores mobiliários, empresas de arrendamento mercantil, cooperativas de crédito, empresas de seguros privados e de capitalização e entidades de previdência privada aberta;

III - que tiverem lucros, rendimentos ou ganhos de capital oriundos do exterior;

IV - que, autorizadas pela legislação tributária, usufruam de benefícios fiscais relativos à isenção ou redução do imposto;

V - que, no decorrer do ano-calendário, tenham efetuado pagamento mensal pelo regime de estimativa, na forma do art. 2º da Lei nº 9.430, de 1996;

VI - que explorem as atividades de prestação cumulativa e contínua de serviços de assessoria creditícia, mercadológica, gestão de crédito, seleção e riscos, administração de contas a pagar e a receber, compras de direitos creditórios resultantes de vendas mercantis a prazo ou de prestação de serviços (*factoring*);

VII - que explorem as atividades de securitização de créditos imobiliários, financeiros e do agronegócio; (Incluído pela Lei nº 12.249, de 2010)

A pessoa jurídica sujeita a tributação com base no lucro real poderá optar pelo pagamento do imposto em cada mês, aplicando, sobre a base de cálculo estimada a alíquota de 15%. Tal base de cálculo resulta da aplicação, sobre a receita bruta auferida mensalmente, dos percentuais de que trata o art. 15 da Lei no 9.249/1995, observado o disposto nos §§ 1º e 2º do art. 29 e nos arts. 30 a 32, 34 e 35 da Lei nº 8.981, de 20 de janeiro de 1995.

Na hipótese de opção pelo lucro real estimado, a parcela da base de cálculo apurada mensalmente que exceder a R$ 20.000,00, ficará sujeita à incidência de adicional de imposto de renda à alíquota de 10%.

Para efeito da incidência do imposto sobre a renda, o lucro real das pessoas jurídicas deve ser apurado na data de encerramento do período de apuração (Lei nº 9.430/1996, arts. 1º e 2º).

O período de apuração encerra-se:

1) nos dias 31 de março, 30 de junho, 30 de setembro e 31 de dezembro, no caso de apuração trimestral do imposto de renda;
2) no dia 31 de dezembro de cada ano-calendário, no caso de apuração anual do imposto de renda;
3) na data da extinção da pessoa jurídica, assim entendida a destinação total de seu acervo líquido;
4) na data do evento, nos casos de incorporação, fusão ou cisão da pessoa jurídica.

Lucro líquido e lucro real. Adições e exclusões

As noções de lucro líquido (lucro contábil) e lucro real não se confundem.

A apuração do lucro líquido, tomando-se em conta algumas deduções e compensações, não corresponde, em todos os casos, à definição da legislação pertinente à matéria.

Para fins da legislação do imposto de renda, a expressão "lucro real" significa o próprio lucro tributável e distingue-se do lucro líquido apurado contabilmente.

De acordo com o art. 247 do RIR/1999, lucro real é o lucro líquido do período de apuração ajustado pelas adições, exclusões ou compensações prescritas ou autorizadas pela legislação fiscal. A determinação do lucro real será precedida da apuração do lucro líquido de cada período de apuração com observância das leis comerciais.

O lucro real será determinado a partir do lucro líquido do período de apuração, obtido na escrituração comercial (antes da provisão para o imposto de renda) e demonstrado no livro de apuração do lucro real (Lalur),[96] observando-se que:

1) serão adicionados ao lucro líquido os custos, despesas, encargos, perdas, provisões, participações e quaisquer outros valores deduzidos na apuração do lucro líquido que, de acordo com a legislação tributária, não sejam dedutíveis na determinação do lucro real, e os resultados, rendimentos, receitas e quaisquer outros valores não incluídos na apuração do lucro líquido que, de acordo com a legislação tributária, devam ser computados na determinação do lucro real. Alguns dos ajustes que devem ser adicionados são: despesas com brindes, despesas com multas, despesa com CSLL entre outras;

---

[96] De acordo com Hiromi, Fábio e Celso Higuchi, a IN RFB nº 989, de 22 de dezembro de 2009, instituiu o livro eletrônico de escrituração e apuração do IR e da CSLL da pessoa jurídica tributada pelo lucro real (e-Lalur). Esse livro, que substitui o Lalur tradicional, deverá informar todas as operações que influenciem, direta ou indiretamente, imediata ou futuramente, a composição da base de cálculo do IRPJ e da CSLL (HIGUCHI, Hiromi; HIGUSHI, Fábio Hiroshi; HIGUSHI, Celso Hiroyuki. *Imposto de renda das empresas*: interpretação e prática. 35. ed. São Paulo: IR Publicações, 2010. p. 43).

2) via de regra, toda receita auferida pela sociedade é tributável; no entanto, a legislação permite a dedução de algumas receitas que, embora registradas contabilmente, não são consideradas tributáveis para o fisco, como reversões de provisões e resultado positivo de equivalência patrimonial. Observe-se que tanto as adições quanto as exclusões serão detalhadamente vistas posteriormente;

3) poderão ser compensados, total ou parcialmente, por opção do contribuinte, os prejuízos fiscais de períodos de apuração anteriores, desde que observado o limite máximo de 30% do lucro líquido ajustado pelas adições e exclusões previstas na legislação tributária. O prejuízo compensável é o apurado na demonstração do lucro real de períodos anteriores e registrado no Lalur, parte B.

Até o ano de 2013, as alterações introduzidas pela Lei nº 11.638/2007 e pelos arts. 37 e 38 da Lei nº 11.941/2009 que modificam o critério de reconhecimento de receitas, custos e despesas computadas na apuração do lucro líquido do exercício, definido no art. 191 da Lei nº 6.404/1976, não tiveram efeitos para fins de apuração do lucro real da pessoa jurídica sujeita ao regime tributário de transição (RTT), sendo considerados, para fins tributários, os métodos e critérios contábeis vigentes em 31 de dezembro de 2007.

Ainda até o ano de 2013, na ocorrência de disposições da lei tributária que conduzissem ou incentivassem a utilização de métodos ou critérios contábeis diferentes daqueles determinados pela Lei nº 6.404/1976, com as alterações da Lei nº 11.638/2007 e dos arts. 37 e 38 da Lei nº 11.941/2009, e pelas normas expedidas pela CVM com base na competência conferida pelo § 3º do art. 177 da Lei nº 6.404/1976 e pelos demais órgãos reguladores, a pessoa jurídica, sujeita ao RTT, deveria adotar o procedimento previsto no art. 17 da Lei nº 11.941/2009 e fazer uso do controle fiscal contábil de transição (FCont), instituído pelo art. 7º da IN RFB nº 949/2009.

No entanto, com a edição da MP nº 627/2013, e sua posterior conversão na Lei nº 12.973/2014, foi revogado o RTT e restaram definidas as situações em que as alterações trazidas pelas novas leis contábeis seriam consideradas para fins fiscais, conforme veremos adiante.

Lei societária e pronunciamentos contábeis

O lucro líquido do período de apuração de qualquer pessoa jurídica, ainda que não constituída sob a forma de sociedade por ações, deverá ser apurado com observância das disposições da Lei nº 6.404/1976, e alterações posteriores, conforme o disposto no RIR/1999, art. 274, § 1º.

Assim, a escrituração deverá ser mantida em registro permanente – em obediência aos preceitos da legislação comercial e aos princípios fundamentais de contabilidade. Deverá também observar métodos e critérios contábeis uniformes no tempo e registrar as mutações patrimoniais segundo o regime de competência.

Como já estudamos em modos anteriores, a lei brasileira adotava práticas para a contabilidade societária, que eram particulares para o Brasil, ou seja, eram diferentes das práticas adotadas em outros países.

Tais diferenças impossibilitavam a comparação das demonstrações financeiras de empresas brasileiras com a de empresas que publicavam suas demonstrações de acordo com as normas internacionais comumente adotadas.

Assim, a fim de que as empresas brasileiras tivessem maior capacidade de atração junto a investidores estrangeiros, foi instituída a Lei nº 11.638/2007 e, posteriormente, a Lei nº

11.941/2009, que alteram a Lei nº 6.404/1976 para que a contabilidade brasileira adotasse os preceitos do IFRS.[97]

Tais normas foram elaboradas pelo IASB (International Accounting Standards Board ou, em português, Conselho de Normas Internacionais de Contabilidade) e foram sendo incorporadas ao cenário brasileiro por intermédio da aprovação dos pronunciamentos, orientações e interpretações contábeis pelo Comitê de Pronunciamentos Contábeis (CPC).

Assim, tendo em vista que tais alterações teriam impacto fiscal, em 2008 foi instituída a MP nº 449 e, após, foi promulgada a Lei nº 11.941, que instituiu o RTT.

No entanto, em 2013, com a edição da Medida Provisória nº 627, e posterior conversão na Lei nº 12.973, o RTT foi revogado, e foram definidos quais ajustes seriam aceitos ou não por ocasião do cálculo dos impostos brasileiros. Note-se que tais alterações também serão abordadas mais detalhadamente, em capítulos posteriores.

Lucro real trimestral ou anual

O lucro real trimestral é opção do contribuinte e funciona na prática como se o ano fiscal fosse dividido em quatro períodos independentes de três meses cada. Assim, o contribuinte deverá fechar balanço e proceder ao recolhimento do IRPJ em quatro ocasiões anuais.

Hiromi, Fábio e Celso Higuchi explicam que, no lucro real trimestral, "o lucro do trimestre anterior não pode ser compensado com o prejuízo fiscal de trimestres seguintes, ainda que dentro do mesmo ano-calendário. O prejuízo fiscal de um

---

[97] IFRS é a sigla em inglês de "padrões internacionais para demonstrações financeiras" (*international financial reporting standards*).

trimestre só poderá reduzir até o limite de 30% do lucro real dos trimestres seguintes".[98]

Assim, o lucro real do trimestre não se soma ao prejuízo fiscal de trimestres seguintes, mesmo que dentro do mesmo ano-calendário.

A tributação pelo lucro real trimestral pode vir a ser uma boa opção para as empresas que tenham lucros lineares. Para as empresas que tenham lucros lineares, esta pode vir a ser uma boa opção. No entanto, nas empresas que possuam picos de faturamento durante o exercício, a opção pelo lucro real anual costuma ser mais vantajosa, na medida em que permite suspender ou reduzir o pagamento do IRPJ quando os balancetes apontam lucro real menor do que o estimado.

No lucro real anual, ainda que a empresa só feche balanço e calcule seu imposto a pagar no fim do ano, deverá efetuar um recolhimento mensal a título de antecipação do imposto devido, por meio da sistemática por estimativa mensal, ou da suspensão ou redução do tributo.

Nas estimativas mensais a empresa recolherá os tributos mensalmente calculados com base no faturamento, de acordo com percentuais sobre as atividades, aplicando-se a alíquota do IRPJ. Tal metodologia, apesar de apresentar diferenças, assemelha-se à sistemática do lucro presumido.

O contribuinte também pode efetuar as antecipações mensais pela sistemática da suspensão ou redução. Essa opção permite levantar balanços ou balancetes mensais, reduzindo-se ou suspendendo-se o valor do recolhimento caso o lucro real apurado seja efetivamente menor do que a base presumida. No final do ano, a empresa levanta o balanço anual e apura o

---

[98] HIGUCHI, Hiromi; HIGUCHI, Fábio Hiroshi; HIGUCHI, Celso Hiroyuki. *Imposto de renda das empresas*, 2010, op. cit., p. 25.

lucro real no exercício, ajustando o valor dos tributos ao seu resultado real.

Outra vantagem é que o prejuízo apurado no próprio ano pode ser compensado integralmente com lucros do exercício.

Hiromi, Fábio e Celso Higuchi acrescentam que, no lucro real anual,

> a empresa poderá compensar integralmente os prejuízos com lucros apurados dentro do mesmo ano-calendário. Assim o lucro de janeiro poderá ser compensado com o prejuízo de fevereiro ou dezembro e o lucro de março poderá ser compensado com o prejuízo de qualquer mês.[99]

Note-se que, ao fim do exercício, caso a empresa tenha antecipado um montante superior ao que é encontrado em sua apuração final, a mesma terá gerado saldo negativo, que poderá ser compensado futuramente. Este não deve ser confundido com o prejuízo fiscal.

Prejuízos fiscais e compensação

No que tange aos prejuízos fiscais e às compensações, estes estão disciplinados nos arts. 509 a 515 do Decreto nº 3.000/1999, conhecido comumente como RIR/1999.

Aqui, cabe transcrever considerações da SRFB sobre o tema:

> *Introdução*
> A pessoa jurídica poderá compensar o prejuízo fiscal apurado na demonstração do lucro real e registrado no LALUR – Livro

---

[99] HIGUCHI, Hiromi; HIGUSHI, Fábio Hiroshi; HIGUSHI, Celso Hiroyuki. *Imposto de renda das empresas*, 2010, op. cit., p. 25.

de Apuração do Lucro Real, desde que mantenha os livros e documentos exigidos pela legislação fiscal, comprobatórios do montante do prejuízo fiscal utilizado para a compensação.

O prejuízo fiscal apurado a partir do encerramento do ano-calendário de 1995 poderá ser compensado, cumulativamente com os prejuízos fiscais apurados até 31 de dezembro de 1994, com o lucro líquido ajustado pelas adições e exclusões previstas na legislação do imposto de renda, observado o limite máximo, para compensação, de 30% (trinta por cento) do referido lucro líquido ajustado.

A pessoa jurídica poderá, ainda, compensar os prejuízos fiscais apurados até 31 de dezembro de 1994, independentemente do prazo previsto na legislação vigente à época, se naquela data os mesmos fossem passíveis de compensação, na forma da legislação então aplicável.

Pessoa jurídica excluída da limitação
O limite de 30% (trinta por cento) não se aplica aos prejuízos fiscais, apurados pela pessoa jurídica, decorrentes da exploração de atividade rural e compensados com o lucro real da mesma atividade, bem como aos apurados pela empresa industrial titular de programas especiais de exportação aprovados até 03 de junho de 199 pela Befiex, nos termos do art. 95 da Lei nº 8.981, de 1995, com redação dada pela Lei nº 9.065, de 1995.

Prejuízos não operacionais
Os prejuízos não operacionais apurados pela pessoa jurídica a partir de 1º de janeiro de 1996 somente poderão ser compensados nos períodos subsequentes ao de sua apuração, com lucros da mesma natureza, observado o limite de 30% (trinta por cento).

Consideram-se "não operacionais" os resultados decorrentes da alienação de bens ou direitos do ativo permanente. O "resultado não operacional" é igual à diferença, positiva ou negativa, entre o valor pelo qual o bem ou direito houver sido alienado e o seu valor contábil.

Os resultados não operacionais de todas as alienações ocorridas durante o período de apuração deverão ser apurados englobadamente entre si e, no período de apuração de ocorrência, estes resultados, positivos ou negativos, integrarão o lucro real.

A separação em prejuízos não operacionais e em prejuízos das demais atividades somente será exigida se, no período de apuração, forem verificados cumulativamente resultados não operacionais negativos e lucro real negativo (prejuízo fiscal). Nesse caso, a pessoa jurídica deverá comparar o prejuízo não operacional com o prejuízo fiscal apurado na demonstração do lucro real, sendo observado o seguinte:

I) se o prejuízo fiscal for maior, todo o resultado não operacional negativo será considerado prejuízo fiscal não operacional e a parcela excedente será considerada prejuízo fiscal das demais atividades;

II) se todo o resultado não operacional negativo for maior ou igual ao prejuízo fiscal, todo o prejuízo fiscal será considerado não operacional.

Os prejuízos não operacionais e os decorrentes das atividades operacionais da pessoa jurídica devem ser controlados em folhas específicas, individualizadas por espécie, na parte "B" do LALUR, para compensação com lucros da mesma natureza apurados nos períodos subsequentes.

O valor do prejuízo fiscal não operacional a ser compensado em cada período de apuração subsequente não poderá exceder o total dos resultados não operacionais positivos apurados no período da compensação.

A soma dos prejuízos fiscais não operacionais com os prejuízos decorrentes de outras atividades da pessoa jurídica, a ser compensada, não poderá exceder o limite de 30% (trinta por cento) do lucro líquido do período de apuração da compensação, ajustado pelas adições e exclusões previstas autorizadas pela legislação do imposto de renda.

No período de apuração em que for apurado resultado não operacional positivo, todo o seu valor será utilizado para compensar os prejuízos fiscais não operacionais de períodos anteriores, ainda que a parcela do lucro real admitida para compensação não seja suficiente ou que tenha sido apurado prejuízo fiscal. Nessa hipótese, a parcela dos prejuízos fiscais não operacionais compensados com os lucros não operacionais que não puder ser compensada com o lucro real, seja em virtude do limite de 30% (trinta por cento) ou de ter ocorrido prejuízo fiscal no período de apuração, será considerada prejuízo das demais atividades, devendo ser promovido os devidos ajustes na parte B do LALUR.

Atenção:

O disposto neste item não se aplica às perdas decorrentes de baixa de bens ou direitos do ativo permanente em virtude de terem se tornado imprestáveis, obsoletos ou caído em desuso, ainda que posteriormente venham a ser alienados como sucata (IN SRF n° 11, de 1996, art. 36, §§ 10 e 11).

Pessoa jurídica titular de programas especiais de exportação aprovados até 03/06/1993 (BEFIEX)

A pessoa jurídica titular de Programas Especiais de Exportação aprovados até 03/06/1993, pela Comissão para Concessão de Benefícios Fiscais a Programas Especiais de Exportação – BEFIEX, poderá compensar o prejuízo fiscal verificado em um período de apuração com o lucro determinado nos seis anos-calendário subsequentes, independentemente da distribuição de lucros ou dividendos a seus acionistas (Lei n° 8.981, de 1995, art. 95, com a nova redação dada pelo art. 1° da Lei n° 9.065, de 1995).

Mudança de controle societário e de ramo de atividade

A pessoa jurídica não poderá compensar seus próprios prejuízos fiscais, se entre a data da apuração e da compensação houver ocorrido, cumulativamente, modificação de seu controle societário e do ramo de atividade (Decreto-lei nº 2.341, de 1987, art. 32; Decreto nº 3.000, de 1999, art. 513).

Incorporação, fusão e cisão

A pessoa jurídica sucessora por incorporação, fusão ou cisão não poderá compensar prejuízos fiscais da sucedida.

No caso de cisão parcial, a pessoa jurídica cindida poderá compensar os seus próprios prejuízos, proporcionalmente à parcela remanescente do patrimônio líquido (Decreto-lei nº 2.341, de 1987, art. 33, parágrafo único; Decreto nº 3.000, de 1999, art. 514, parágrafo único).

Sociedade em Conta de Participação – SCP

O prejuízo fiscal apurado por Sociedade em Conta de Participação – SCP somente poderá ser compensado com o lucro real decorrente da mesma Sociedade em Conta de Participação – SCP.

É vedada a compensação de prejuízos fiscais e lucros entre duas ou mais SCP ou entre estas e o sócio ostensivo.

Atividade rural

O prejuízo fiscal apurado na atividade rural poderá ser compensado com o resultado positivo da mesma atividade, obtido em períodos de apuração posteriores, não se lhe aplicando o limite de 30% (trinta por cento) do lucro líquido ajustado para fins de redução por compensação de prejuízos fiscais.

O prejuízo fiscal da atividade rural apurado no período de apuração poderá ser compensado com o lucro real das demais atividades apuradas no mesmo período de apuração, sem limite (IN SRF nº 39, de 1996, art. 2º, § 2º).

O prejuízo fiscal da atividade rural poderá ser compensado com o lucro real de outras atividades, em períodos de apuração subsequentes, observado o limite de 30% do lucro líquido ajustado (IN SRF nº 39, de 1996, art. 2º, § 3º).

Prejuízos fiscais incorridos no exterior
Não são compensáveis com lucros auferidos no Brasil os prejuízos e perdas decorrentes das operações ocorridas no exterior, a saber:

I - os prejuízos de filiais, sucursais, controladas ou coligadas, no exterior;

II - os prejuízos e as perdas de capital decorrentes de aplicações e operações efetuadas no exterior pela própria empresa brasileira, inclusive em relação à alienação de filiais e sucursais e de participações societárias em pessoas jurídicas domiciliadas no exterior.

Os prejuízos apurados com base na escrituração contábil da filial, sucursal, controlada ou coligada, no exterior, efetuada segundo as normas legais do país de seu domicílio, podem ser compensados, não se lhes aplicando a limitação da compensação de prejuízos de 30% (trinta por cento), desde que:

I - os prejuízos apurados por controlada ou coligada, no exterior, somente sejam compensados com lucros dessa mesma controlada ou coligada (IN SRF nº 38, de 1996, art. 5º, § 1º);

II - os prejuízos de filiais e sucursais com resultados consolidados por país, quando a matriz no Brasil indicar filial ou sucursal como entidade líder no referido país, sejam compensados com os lucros de outra filial e sucursal no mesmo país.

A empresa brasileira que absorver patrimônio de filial, sucursal, controlada ou coligada, no exterior, de outra empresa brasileira, e continuar a exploração das atividades no exterior, poderá compensar os prejuízos acumulados pela referida filial, sucursal, controlada ou coligada, correspondentes aos períodos iniciados a partir do ano-calendário de 1996, sendo observadas as disposições contidas na IN SRF nº 38, de 1996.[100]

Questões de automonitoramento

1) Após ler este capítulo, você é capaz de resumir o caso gerador do capítulo 7, identificando as partes envolvidas, os problemas atinentes e as soluções cabíveis?
2) As concepções de lucro real e lucro líquido são equivalentes? Em caso de resposta negativa, identifique a distinção entre elas.
3) A opção pelo regime de tributação do IRPJ por parte do contribuinte é ilimitada?
4) Identifique as hipóteses de apuração do IRPJ através do lucro arbitrado.
5) Pense e descreva, mentalmente, alternativas para a solução do caso gerador do capítulo 7.

---

[100] BRASIL. Ministério da Fazenda. Secretaria da Receita Federal do Brasil. *Considerações gerais sobre compensação de prejuízos.* Disponível em: <www.receita.fazenda.gov.br/pessoajuridica/dipj/2000/orientacoes/ConsideracoesGeraissobreCompensacaoPrejuizos.htm>. Acesso em: 3 out. 2015.

4

IRPJ – Apuração do tributo: receitas, despesas

Roteiro de estudo

Receitas

De maneira geral e simplificada, todo valor ganho por uma entidade é uma receita. Note-se que, por valor ganho, não necessariamente falamos de valor efetivamente recebido. Pode ocorrer de um valor ganho que venha a ser recebido somente no futuro e, no entanto, já ser considerado uma receita desde o momento inicial.

Conforme vimos em capítulos anteriores, o conceito de receita, segundo o Pronunciamento CPC nº 30, é:

> Receita é o ingresso bruto de benefícios econômicos durante o período observado no curso das atividades ordinárias da entidade que resultam no aumento do seu patrimônio líquido, exceto os aumentos de patrimônio líquido relacionados às contribuições dos proprietários.

A receita decorrerá do próprio exercício da entidade, sendo oriunda das vendas, no caso de empresa varejista, da prestação dos serviços, no caso de prestadora de serviços etc. Ela implicará a geração ou aumento de ativo, ou ainda a liquidação de um passivo.

O Pronunciamento CPC nº 00 (R1) – Estrutura Conceitual para Elaboração e Divulgação de Relatório Contábil-Financeiro – complementa a definição de receita, trazendo o conceito de ganho:

> 4.29. A definição de receita abrange tanto receitas propriamente ditas quanto ganhos. A receita surge no curso das atividades usuais da entidade e é designada por uma variedade de nomes, tais como vendas, honorários, juros, dividendos, royalties, aluguéis.
>
> 4.30. Ganhos representam outros itens que se enquadram na definição de receita e podem ou não surgir no curso das atividades usuais da entidade, representando aumentos nos benefícios econômicos e, como tais, não diferem, em natureza, das receitas. Consequentemente, não são considerados como elemento separado nesta Estrutura Conceitual.
>
> 4.31. Ganhos incluem, por exemplo, aqueles que resultam da venda de ativos não circulantes. A definição de receita também inclui ganhos não realizados. Por exemplo, os que resultam da reavaliação de títulos e valores mobiliários negociáveis e os que resultam de aumentos no valor contábil de ativos de longo prazo. Quando esses ganhos são reconhecidos na demonstração do resultado, eles são usualmente apresentados separadamente, porque sua divulgação é útil para fins de tomada de decisões econômicas. Os ganhos são, em regra, reportados líquidos das respectivas despesas.
>
> 4.32. Vários tipos de ativos podem ser recebidos ou aumentados por meio da receita; exemplos incluem caixa, contas a receber, bens e serviços recebidos em troca de bens e serviços fornecidos.

A receita também pode resultar da liquidação de passivos. Por exemplo, a entidade pode fornecer mercadorias e serviços ao credor por empréstimo em liquidação da obrigação de pagar o empréstimo.

Regime de reconhecimento: competência ou caixa

Primeiramente, passamos à análise de ambos os regimes.

O regime de competência, derivado do princípio contábil de mesmo nome, já foi estudado e, como dito, é princípio fundamental para o correto registro no tempo dos fatos contábeis ocorridos com cada empresa.

A adoção do *regime de competência* tem por finalidade reconhecer, na contabilidade, as receitas, custos e despesas, no período a que competem, independentemente de sua realização em moeda.

Por ele, os efeitos das transações são reconhecidos quando ocorrem e são lançados nos registros contábeis dos períodos a que se referem. Assim, as receitas, os custos e as despesas são atribuídos aos períodos de acordo com a ocorrência do fato contábil e não quando do recebimento ou pagamento efetivo de certo montante.

Em regra, esse princípio dispõe que os registros contábeis geridos pelo regime de competência contêm as informações tanto sobre transações passadas, que envolvem pagamento e recebimento de caixa, quanto a respeito de obrigações de pagamento a serem efetivamente realizadas no futuro.

Nesse contexto, podemos utilizar como exemplo a receita, que deverá ser reconhecida independentemente de o valor referente a esta ter adentrado nos caixas da empresa na época do negócio ou não (recebimento futuro).

É impreterível que haja uma expectativa de que o valor concernente à receita seja recebido em data futura.

Do mesmo modo, as despesas relativas à determinada receita deverão ser reconhecidas e devidamente confrontadas na época de seu registro e reconhecimento. Abaixo segue o disposto no Pronunciamento Contábil CPC nº 00 sobre o tema:

> 4.50. As despesas devem ser reconhecidas na demonstração do resultado com base na associação direta entre elas e os correspondentes itens de receita. Esse processo, usualmente chamado de confrontação entre despesas e receitas (regime de competência), envolve o reconhecimento simultâneo ou combinado das receitas e despesas que resultem diretamente ou conjuntamente das mesmas transações ou outros eventos. Por exemplo, os vários componentes de despesas que integram o custo das mercadorias vendidas devem ser reconhecidos no mesmo momento em que a receita derivada da venda das mercadorias é reconhecida. Contudo, a aplicação do conceito de confrontação, de acordo com esta Estrutura Conceitual, não autoriza o reconhecimento de itens no balanço patrimonial que não satisfaçam à definição de ativos ou passivos.

Como exposto, o princípio da competência do exercício relaciona-se com o reconhecimento do período contábil, isto é, quando uma receita ou uma despesa deve ser reconhecida. Um exemplo seria útil na compreensão do exposto: quando uma empresa realiza uma venda para pagamento em 60 dias, a receita é reconhecida na data da venda e, portanto, o valor da venda estará indicado na demonstração do resultado do exercício daquele mês.

Em outras palavras tal princípio determina quando as alterações, no ativo ou no passivo, resultam em aumento ou diminuição no patrimônio líquido, estabelecendo, ainda, diretrizes para a classificação das mutações patrimoniais resultantes da observância do princípio da oportunidade.

O reconhecimento simultâneo das receitas e despesas, quando correlatas, é consequência natural do respeito ao período em que ocorrer sua geração.

As empresas tributadas com base no lucro real estão obrigadas a adotar o regime de competência para fins de apuração dos tributos.

> Art. 9º. O Princípio da Competência determina que os efeitos das transações e outros eventos sejam reconhecidos nos períodos a que se referem, independentemente do recebimento ou pagamento.
>
> Parágrafo único. O Princípio da Competência pressupõe a simultaneidade da confrontação de receitas e de despesas correlatas [Resolução CFC nº 1.111/2007, com redação dada pela Resolução CFC nº 1.367/2011].

Assim, por exemplo, a simples emissão de pedido comercial não é considerada receita, pois a transação com o terceiro não foi completada, faltando, para tanto, a investidura na propriedade de bens. Somente quando houver a tradição (entrega) do bem solicitado, é que se registrará a respectiva receita.

Já sob o regime de caixa, a empresa reconhece receitas, pela venda de bens e serviços, por exemplo, e despesas, como no caso de mercadorias, seguro, salário, impostos, quando elas são efetivamente recebidas e pagas, respectivamente, impactando o caixa da empresa.

Como regra geral, a pessoa jurídica apura a base de cálculo dos impostos e contribuições pelo regime de competência, que é a regra geral para fins contábeis. No entanto, a legislação fiscal prevê a possibilidade de que empresas submetidas ao lucro presumido realizem a apuração com base em seu livro-caixa.

Logo, poderá a pessoa jurídica, desde que respeitadas algumas condições, adotar o critério de reconhecimento das receitas das vendas de bens e direitos ou da prestação de serviços com pagamento a prazo ou em parcelas na medida dos recebimentos, ou seja, pelo regime de caixa, desde que mantenha a escrituração do livro-caixa e observadas as demais exigências impostas pela legislação.

De forma muito simplificada, podemos dizer que o regime de caixa leva em consideração o desembolso efetuado para pagamento de despesas ou o recebimento de vendas, ou seja, representa o reconhecimento das receitas, custos e despesas pela entrada e saída efetiva da moeda. Já o regime de competência leva em consideração o fato contábil, ou seja, quando efetivamente houve a despesa ou receita, independentemente de haver ou não dinheiro "saindo" do caixa ou "entrando" nele.

No regime de caixa, as receitas são reconhecidas somente no momento em que o cliente paga a fatura, e as despesas, no momento em que são efetivamente pagas.

A faculdade no reconhecimento das receitas pelo regime de caixa, tanto para as empresas optantes pelo lucro presumido quanto para as que aderiram ao Simples Nacional, foi regulamentada, respectivamente, pela Instrução Normativa (IN) SRF nº 104,[101]

---

[101] IN SRF nº 104, de 24 de agosto de 1998, publicada no *DOU* de 26 ago. 1998: "Estabelece normas para apuração do Lucro Presumido com base no regime de caixa. O SECRETÁRIO DA RECEITA FEDERAL, no uso de suas atribuições e tendo em vista as disposições do parágrafo único do artigo 10 da Lei Complementar nº 70, de 30 de dezembro de 1991, do artigo 44, do parágrafo único do art. 45 e do artigo 57 da Lei nº 8.981, de 20 de janeiro de 1995, com a nova redação dada pelo art. 1º da Lei nº 9.065, de 20 de junho de 1995, e do artigo 3º da Medida Provisória nº 1676-35, de 29 de julho de 1998, resolve: Art. 1º. A pessoa jurídica, optante pelo regime de tributação com base no lucro presumido, que adotar o critério de reconhecimento de suas receitas de venda de bens ou direitos ou de prestação de serviços com pagamento a prazo ou em parcelas na medida do recebimento e manter a escrituração do livro Caixa, deverá: I - emitir a nota fiscal quando da entrega do bem ou direito ou da conclusão do serviço; II - indicar, no livro Caixa, em registro individual, a nota fiscal a que corresponder cada recebimento. § 1º. Na hipótese deste artigo, a pessoa jurídica que mantiver escrituração contábil, na forma da legislação comercial, deverá controlar os recebimentos de suas receitas em conta específica, na qual, em cada lançamento, será indicada a nota fiscal a que corresponder o recebimento. § 2º. Os valores recebidos adiantadamente, por conta de venda de bens

de 24 de agosto de 1998, e pela Resolução CGSN nº 38,[102] de 1º de setembro de 2008.

A inobservância do regime de escrituração, isto é, contabilizar valores em períodos-base diversos daqueles em que o fato ocorreu, distorce o resultado fiscal, ora favoravelmente ao contribuinte, ora em benefício do fisco.

As antecipações de receitas e/ou postergações de despesas podem provocar antecipações do imposto de renda e da con-

---

ou direitos ou da prestação de serviços, serão computados como receita do mês em que se der o faturamento, a entrega do bem ou do direito ou a conclusão dos serviços, o que primeiro ocorrer. § 3º. Na hipótese deste artigo, os valores recebidos, a qualquer título, do adquirente do bem ou direito ou do contratante dos serviços serão considerados como recebimento do preço ou de parte deste, até o seu limite. § 4º. O cômputo da receita em período de apuração posterior ao do recebimento sujeitará a pessoa jurídica ao pagamento do imposto e das contribuições com o acréscimo de juros de mora e de multa, de mora ou de ofício, conforme o caso, calculados na forma da legislação vigente. Art. 2º. O disposto neste artigo aplica-se, também, à determinação das bases de cálculo da contribuição PIS/PASEP, da contribuição para a seguridade social – COFINS, da Contribuição Social sobre o Lucro Líquido e para os optantes pelo Sistema Integrado de Pagamento de Impostos e Contribuições das Microempresas e das Empresas de Pequeno Porte – SIMPLES. Art. 3º. Esta Instrução Normativa entra em vigor na data de sua publicação". A IN SRF nº 247/2002 (art. 108, V) revogou o disposto nessa instrução normativa quanto à determinação das bases de cálculo da contribuição para o PIS/Pasep e para a Cofins.

[102] Resolução CGSN nº 38, de 1º de setembro de 2008, publicada no *DOU* de 3 set. 2008: "Dispõe sobre a forma opcional de determinação da base de cálculo para apuração dos impostos e contribuições devidos utilizando a receita recebida pelas Microempresas e Empresas de Pequeno Porte optantes pelo Simples Nacional. Art. 1º. Esta Resolução regulamenta a forma opcional de determinação da base de cálculo para apuração dos impostos e contribuições devidos utilizando a receita recebida pelas Microempresas (ME) e Empresas de Pequeno Porte (EPP) optantes pelo Simples Nacional; Art. 2º. A ME e a EPP poderão, opcionalmente, utilizar a Receita bruta total recebida no mês – regime de caixa –, em substituição à receita bruta auferida – regime de competência –, de que trata o *caput* do art. 2º da Resolução CGSN nº 51, de 22 de dezembro de 2008, exclusivamente para a determinação da base de cálculo mensal. (Redação dada pela Resolução CGSN nº 50, de 22 de dezembro de 2008) (Vide art. 26 da Resolução CGSN nº 50, de 2008). § 1º. A opção pela determinação da base de cálculo de que trata o *caput* será irretratável para todo o ano-calendário e deverá ser realizada, em aplicativo disponibilizado no Portal do Simples Nacional, quando da apuração dos valores devidos relativos ao mês de: (Redação dada pela Resolução CGSN nº 64, de 17 de agosto de 2009) I - novembro de cada ano-calendário, com efeitos para o ano-calendário subsequente, na hipótese de ME ou EPP já optante pelo Simples Nacional; (Redação dada pela Resolução CGSN nº 64, de 17 de agosto de 2009); II - início dos efeitos da opção pelo Simples Nacional, nas demais hipóteses, com efeitos para o próprio ano-calendário. (Redação dada pela Resolução CGSN nº 64, de 17 de agosto de 2009)".

tribuição social sobre o lucro. Portanto, tais distorções serão favoráveis ao fisco.

Por outro lado, as antecipações de despesas e/ou postergações de receitas provocam postergação do imposto de renda e da contribuição social, em prejuízo do fisco. Daí o contribuinte estará sujeito a notificação suplementar de lançamento do IRPJ. De acordo com o art. 273 do Decreto nº 3.000/1999, conhecido como Regulamento do Imposto de Renda (e comumente mencionado pela sigla "RIR/1999" – como aqui passaremos a fazê-lo):

> A inexatidão quanto ao período de apuração de escrituração de receita, rendimento, custo ou dedução, ou do reconhecimento de lucro, somente constitui fundamento para lançamento de imposto, diferença de imposto, atualização monetária, quando for o caso, ou multa, se dela resultar:
> I - a postergação do pagamento do imposto para período de apuração posterior ao em que seria devido; ou
> II - a redução indevida do lucro real em qualquer período de apuração.

Verificada a inexatidão mencionada acima, deverá o contribuinte adotar o seguinte procedimento para regularização, conforme orienta a SRFB:

> 1. tratando-se de receita, rendimento ou lucro postecipado: excluir o seu montante do lucro líquido do período de apuração em que houver sido reconhecido e adicioná-lo ao lucro líquido do período de competência;
> 2. tratando-se de custo ou despesa antecipada: adicionar o seu montante ao lucro líquido do período de apuração em que houver ocorrida a dedução e excluí-lo do lucro líquido do período de competência;
> 3. apurar o lucro real correto, correspondente ao período do início do prazo de postergação, e a respectiva diferença de

imposto, inclusive adicional, e de contribuição social sobre o lucro líquido;

4. efetuar a correção monetária, quando for o caso (períodos de apuração encerrados até 31/12/1995), dos valores acrescidos ao lucro líquido correspondente ao período do início do prazo da postergação, bem assim dos valores das diferenças do imposto e da contribuição social, considerando seus efeitos em cada balanço de encerramento de período subsequente, até o período de término da postergação;

5. deduzir do lucro líquido de cada período de apuração subsequente, inclusive o de término da postergação, o valor correspondente à correção monetária, quando for o caso, dos valores mencionados no procedimento "d" anterior;

6. apurar o lucro real e a base de cálculo da contribuição social corretamente, correspondentes a cada período de apuração, inclusive o de término da postergação, considerando os efeitos de todos os ajustes procedidos, inclusive o de correção;

7. apurar as diferenças entre os valores pagos e devidos, correspondentes ao imposto de renda e à contribuição social sobre o lucro líquido, recolhendo-os com os encargos legais cabíveis (juros e multa).

Nota

Caso o contribuinte já tenha efetuado, espontaneamente, em período posterior, o pagamento dos valores do imposto ou da contribuição social postergados, tal fato deve ser considerado no momento do lançamento de ofício, devendo a autoridade fiscal, em relação às parcelas que já houverem sido pagas, exigir, exclusivamente, os acréscimos relativos a juros e multa, caso o contribuinte não os tenha pago.[103]

---

[103] BRASIL. Ministério da Fazenda. Secretaria da Receita Federal do Brasil. Inobservância do regime de escrituração – postergação do pagamento do imposto. Disponível em: <www.receita.fazenda.gov.br/PessoaJuridica/DIPJ/2004/PergResp2004/pr311a322.htm>. Acesso em: 3 out. 2015.

Havendo a migração entre os regimes de reconhecimento de receitas, deverão ser observados os ajustes constantes na IN SRF nº 345,[104] de 28 de julho de 2003.

---

[104] IN SRF nº 345, de 28 de julho de 2003, publicada no DOU de 8 ago. 2003: "Dispõe sobre o tratamento tributário aplicável na hipótese de mudança do regime de reconhecimento das receitas em função do recebimento para o regime de competência. O SECRETÁRIO DA RECEITA FEDERAL, no uso da atribuição que lhe confere o inciso III do art. 209 do Regimento Interno da Secretaria da Receita Federal, aprovado pela Portaria MF nº 259, de 24 de agosto de 2001, e tendo em vista o disposto na Lei Complementar nº 70, de 30 de dezembro de 1991, no art. 57 da Lei nº 8.981, de 20 de janeiro de 1995, no art. 2º da Lei nº 9.317, de 5 de dezembro de 1996, no art. 3º da Lei nº 9.715, de 25 de novembro de 1998, no art. 13 da Lei nº 9.718, de 27 de novembro de 1998, no art. 30 da Medida Provisória nº 2.158-35, de 24 de agosto de 2001, no art. 46 da Lei nº 10.637, de 30 de dezembro de 2002, e no art. 22 da Lei nº 10.684, de 30 de maio de 2003, resolve: Art. 1º. Para fins de apuração do Imposto de Renda das Pessoas Jurídicas (IRPJ), da Contribuição Social sobre o Lucro Líquido (CSLL), da Contribuição para o Financiamento da Seguridade Social (Cofins) e da Contribuição para o PIS/Pasep, a pessoa jurídica optante pelo regime de tributação com base no lucro presumido ou pela tributação na forma do Sistema Integrado de Pagamento de Impostos e Contribuições das Microempresas e das Empresas de Pequeno Porte (Simples) que adotar o critério de reconhecimento de suas receitas à medida do recebimento e, por opção ou obrigatoriedade, passar a adotar o critério de reconhecimento de suas receitas segundo o regime de competência, deverá reconhecer no mês de dezembro do ano-calendário anterior àquele em que ocorrer a mudança de regime as receitas auferidas e ainda não recebidas. § 1º. A pessoa jurídica obrigatoriamente excluída do Simples durante o ano-calendário deverá oferecer à tributação as receitas auferidas e ainda não recebidas, no mês anterior àquele em que operarem os efeitos da exclusão do Simples. § 2º. A pessoa jurídica optante pelo regime de tributação com base no lucro presumido que, no quarto trimestre-calendário de 2003, por opção, passar a adotar o regime de tributação com base no lucro real deverá oferecer à tributação no terceiro trimestre-calendário de 2003 as receitas auferidas e ainda não recebidas. § 3º. A pessoa jurídica optante pelo regime de tributação com base no lucro presumido que, durante o ano-calendário, passar a ser obrigada à apuração do lucro real deverá oferecer à tributação as receitas auferidas e ainda não recebidas, no período de apuração anterior àquele em que ocorrer a mudança do regime de tributação. § 4º. Na hipótese do § 3º, as receitas auferidas e ainda não recebidas serão adicionadas às receitas do período de apuração anterior à mudança do regime de tributação para fins de recalcular o imposto e as contribuições do período, sendo que a diferença apurada, após compensação do tributo pago, deverá ser recolhida, sem multa e juros moratórios, até o último dia útil do mês subsequente àquele em que incorreu na situação de obrigatoriedade à apuração do lucro real. § 5º. Os custos e as despesas associados às receitas de que tratam este artigo, incorridos após a mudança do regime de tributação, não poderão ser deduzidos da base de cálculo do IRPJ e da CSLL. Art. 2º. (Revogada pela Instrução Normativa RFB nº 1.079, de 3 de novembro de 2010) Art. 3º. Esta Instrução Normativa entra em vigor na data de sua publicação".

Receitas operacionais, não operacionais e financeiras

Receitas operacionais são as provenientes do objeto de exploração da empresa e classificam-se em: (1) receita da atividade técnica ou principal, que diz respeito à atividade principal da empresa, como venda de produtos, mercadorias ou serviços; e (2) receita acessória ou complementar, que normalmente decorre da receita da atividade principal e representa rendimentos complementares.

No Brasil denomina-se contabilmente esse grupo de receitas "outras receitas operacionais", que devem ser compostos basicamente de receitas financeiras (juros, aluguéis, rendimentos).

Receitas não operacionais são ingressos provenientes de transações (atípicas ou extraordinárias) não incluídas nas atividades principais ou acessórias da empresa.

Tratando da matéria nos arts. 418 a 445, o RIR/1999 expressamente discrimina o que se considera como resultados não operacionais, os quais se referem, principalmente, a transações com bens do ativo permanente (IN SRF nº 11/1996, art. 36, § 1º).

Assim dispõe o Decreto nº 3.000, de 26 de março de 1999:

> Art. 418. Serão classificados como ganhos ou perdas de capital, e computados na determinação do lucro real, os resultados na alienação, na desapropriação, na baixa por perecimento, extinção, desgaste, obsolescência ou exaustão, ou na liquidação de bens do ativo permanente (Decreto-Lei nº 1.598, de 1977, art. 31).
>
> § 1º. Ressalvadas as disposições especiais, a determinação do ganho ou perda de capital terá por base o valor contábil do bem, assim entendido o que estiver registrado na escrituração do contribuinte e diminuído, se for o caso, da depreciação, amortização ou exaustão acumulada (Decreto-Lei nº 1.598, de 1977, art. 31, § 1º).

Art. 421. Nas vendas de bens do ativo permanente para recebimento do preço, no todo ou em parte, após o término do ano-calendário seguinte ao da contratação, o contribuinte poderá, para efeito de determinar o lucro real, reconhecer o lucro na proporção da parcela do preço recebida em cada período de apuração (Decreto-Lei nº 1.598, de 1977, art. 31, § 2º).

As *receitas financeiras* são representadas pelos juros recebidos, os descontos obtidos, o lucro na operação de reporte e o prêmio de resgate de títulos ou debêntures e os rendimentos nominais relativos a aplicações financeiras de renda fixa, auferidos pelo contribuinte no período de apuração,[105] e, como tal, deverão ser incluídas no lucro operacional. Quando as referidas receitas forem derivadas de operações ou títulos com vencimento posterior ao encerramento do período de apuração, poderão ser rateadas pelos períodos a que competirem (RIR/1999, art. 373).

Desde o dia 1º de janeiro de 1999, as variações monetárias dos direitos de crédito e das obrigações do contribuinte, em função da taxa de câmbio ou de índices ou coeficientes aplicáveis por disposição legal ou contratual, serão consideradas, para efeitos da legislação do imposto de renda e da contribuição social sobre o lucro líquido (e também da contribuição para o PIS/Pasep e da Cofins), como receitas financeiras, quando ativas (Lei nº 9.718/1998, arts. 9º e 17, II).

Conforme a SRFB, devem ser observadas:

1. [...] as regras referentes a Preços de Transferência, quando se tratar de operações de contratação de empréstimos realizados com pessoas físicas ou jurídicas consideradas vinculadas ou, ainda que não vinculadas, residentes ou

---

[105] Art. 373 do RIR/1999.

domiciliadas em país ou territórios considerados como de tributação favorecida, ou cuja legislação interna oponha sigilo à composição societária de pessoas jurídicas ou à sua titularidade, decorrentes de contratos de empréstimos não registrados no Banco Central do Brasil;
2. Devem ser observadas as regras referentes à tributação em bases universais referentes aos lucros, rendimentos e ganhos de capital auferidos no exterior.[106]

Despesas

Conforme também já estudado, quando a entidade utiliza, e assim consome, um dos recursos que ela possuía, podemos dizer que está incorrendo em uma despesa, o que corresponde a um decréscimo patrimonial que ocorreu no exercício determinado.

A despesa pode ocorrer como uma saída ou redução de ativo, ou um aumento de um passivo, salvo nos casos em que tal variação ocorra em razão de distribuição de resultado ou diminuição do capital social.

Dentro do conceito de despesas se incluem as despesas propriamente ditas e os custos, que são gastos diretamente relacionados à produção de bens ou à prestação de serviços pela entidade.

O Pronunciamento CPC nº 00 demonstra ainda que, conjuntamente às despesas, serão consideradas as perdas.

> 4.33. A definição de despesas abrange tanto as perdas quanto as despesas propriamente ditas que surgem no curso das atividades usuais da entidade. As despesas que surgem no curso das

---

[106] BRASIL. Ministério da Fazenda. Secretaria da Receita Federal do Brasil. *Receitas e despesas financeiras*. Disponível em: <www.receita.fazenda.gov.br/PessoaJuridica/DIPJ/2005/PergResp2005/pr444a453.htm>. Acesso em: 3 out. 2015.

atividades usuais da entidade incluem, por exemplo, o custo das vendas, salários e depreciação. Geralmente, tomam a forma de desembolso ou redução de ativos como caixa e equivalentes de caixa, estoques e ativo imobilizado.

4.34. Perdas representam outros itens que se enquadram na definição de despesas e podem ou não surgir no curso das atividades usuais da entidade, representando decréscimos nos benefícios econômicos e, como tais, não diferem, em natureza, das demais despesas. Consequentemente, não são consideradas como elemento separado nesta Estrutura Conceitual.

4.35. Perdas incluem, por exemplo, as que resultam de sinistros como incêndio e inundações, assim como as que decorrem da venda de ativos não circulantes. A definição de despesas também inclui as perdas não realizadas. Por exemplo, as que surgem dos efeitos dos aumentos na taxa de câmbio de moeda estrangeira com relação aos empréstimos da entidade a pagar em tal moeda. Quando as perdas são reconhecidas na demonstração do resultado, elas são geralmente demonstradas separadamente, pois sua divulgação é útil para fins de tomada de decisões econômicas. As perdas são, em regra, reportadas líquidas das respectivas receitas.

Em outras palavras, despesa, para a contabilidade, é o gasto necessário para a obtenção de receita. As despesas são gastos que não se identificam com o processo de transformação ou produção dos bens e produtos.

Ou seja, as despesas podem ser conceituadas como uma medida da saída de ativos (ou aumento dos passivos) utilizados na geração das receitas e estão relacionadas aos valores gastos com a estrutura administrativa e comercial da empresa. Exs.: aluguel, salários e encargos, pró-labore, telefone, propaganda, impostos, comissões de vendedores etc.

As despesas ainda são classificadas em fixas e variáveis, sendo as fixas aquelas cujo valor a ser pago não depende do volume ou do valor das vendas, enquanto as variáveis são aquelas cujo valor a ser pago está diretamente relacionado ao valor vendido.

No Brasil, as despesas de entidades privadas e com fins lucrativos são relacionadas na demonstração do resultado do exercício (DRE), conforme as normas brasileiras de contabilidade, logo abaixo do lucro líquido operacional. Já as despesas das empresas sem fins lucrativos são feitas na demonstração do déficit/superávit do exercício, as quais constituem os grupos de despesas com vendas, administrativas e financeiras, e também no grupo despesas não operacionais daquela demonstração.

São operacionais as despesas não computadas nos custos, necessárias à atividade da empresa e à manutenção da respectiva fonte produtora.

As despesas operacionais admitidas são as usuais ou normais no tipo de transações, operações ou atividades da empresa, entendendo-se como necessárias as pagas ou incorridas para a realização das transações ou operações exigidas pela atividade da empresa (RIR/1999, art. 299).

É importante frisar que, contabilmente, despesa não é sinônimo de custo, uma vez que este último é relacionado com o processo produtivo de bens ou serviços, enquanto despesa diz respeito (de uma forma genérica) aos gastos com a manutenção das atividades da entidade.

Dedutíveis e indedutíveis

De acordo com o que preceitua o art. 299 do RIR/1999, as *despesas operacionais dedutíveis* na determinação do lucro real equivalem aos gastos não computados nos custos, mas *necessários* às transações ou operações da empresa e que, além disso, sejam usuais e normais na atividade por esta desenvolvida, ou à manutenção de sua fonte produtiva, e ainda estejam intrinseca-mente relacionados com a produção ou comercialização dos bens e serviços, conforme determina o art. 13 da Lei nº 9.249/1995.

A legislação fiscal exige que as despesas operacionais este-jam devidamente suportadas por documentos hábeis e idôneos a comprovarem sua natureza, a identidade do beneficiário, a quantidade, o valor da operação etc.

Consideram-se *indedutíveis* as despesas operacionais rela-cionadas aos dispêndios representativos de inversões ou apli-cações de capital (Parecer Normativo CST nº 58/1977, subitem 4.1) e aqueles expressamente vedados pela legislação fiscal, notadamente pelo art. 13 da Lei nº 9.249, de 26 de dezembro de 1995, *verbis*:

> Art. 13. Para efeito de apuração do lucro real e da base de cál-culo da contribuição social sobre o lucro líquido, são vedadas as seguintes deduções, independentemente do disposto no art. 47 da Lei nº 4.506, de 30 de novembro de 1964:
>
> I - de qualquer provisão, exceto as constituídas para o paga-mento de férias de empregados e de décimo-terceiro salário, a de que trata o art. 43 da Lei nº 8.981, de 20 de janeiro de 1995, com as alterações da Lei nº 9.065, de 20 de junho de 1995, e as provisões técnicas das companhias de seguro e de capitali-zação, bem como das entidades de previdência privada, cuja constituição é exigida pela legislação especial a elas aplicável; (Vide Lei nº 9.430, de 1996)
>
> II - das contraprestações de arrendamento mercantil e do alu-guel de bens móveis ou imóveis, exceto quando relacionados intrinsecamente com a produção ou comercialização dos bens e serviços;
>
> III - de despesas de depreciação, amortização, manutenção, re-paro, conservação, impostos, taxas, seguros e quaisquer outros gastos com bens móveis ou imóveis, exceto se intrinsecamente

relacionados com a produção ou comercialização dos bens e serviços;

IV - das despesas com alimentação de sócios, acionistas e administradores;

V - das contribuições não compulsórias, exceto as destinadas a custear seguros e planos de saúde, e benefícios complementares assemelhados aos da previdência social, instituídos em favor dos empregados e dirigentes da pessoa jurídica;

VI - das doações, exceto as referidas no § 2º;

VII - das despesas com brindes;

VIII - de despesas de depreciação, amortização e exaustão geradas por bem objeto de arrendamento mercantil pela arrendatária, na hipótese em que esta reconheça contabilmente o encargo. (Incluído pela Lei nº 12.973, de 2014) (Vigência)

§ 1º. Admitir-se-ão como dedutíveis as despesas com alimentação fornecida pela pessoa jurídica, indistintamente, a todos os seus empregados.

§ 2º. Poderão ser deduzidas as seguintes doações:

I - as de que trata a Lei nº 8.313, de 23 de dezembro de 1991;

II - as efetuadas às instituições de ensino e pesquisa cuja criação tenha sido autorizada por lei federal e que preencham os requisitos dos incisos I e II do art. 213 da Constituição Federal, até o limite de um e meio por cento do lucro operacional, antes de computada a sua dedução e a de que trata o inciso seguinte;

III - as doações, até o limite de dois por cento do lucro operacional da pessoa jurídica, antes de computada a sua dedução, efetuadas a entidades civis, legalmente constituídas no Brasil, sem fins lucrativos, que prestem serviços gratuitos em benefício de empregados da pessoa jurídica doadora, e respectivos dependentes, ou em benefício da comunidade onde atuem, observadas as seguintes regras:

a) as doações, quando em dinheiro, serão feitas mediante crédito em conta corrente bancária diretamente em nome da entidade beneficiária;

b) a pessoa jurídica doadora manterá em arquivo, à disposição da fiscalização, declaração, segundo modelo aprovado pela Secretaria da Receita Federal, fornecida pela entidade beneficiária, em que esta se compromete a aplicar integralmente os recursos recebidos na realização de seus objetivos sociais, com identificação da pessoa física responsável pelo seu cumprimento, e a não distribuir lucros, bonificações ou vantagens a dirigentes, mantenedores ou associados, sob nenhuma forma ou pretexto;
c) a entidade civil beneficiária deverá ser reconhecida de utilidade pública por ato formal de órgão competente da União.

Também a IN SRF nº 11, de 21 de fevereiro de 1996, que dispõe sobre a apuração do imposto de renda e da contribuição social sobre o lucro das pessoas jurídicas a partir do ano-calendário de 1996, estabelece hipóteses em que não se admite a dedução das despesas para apuração do lucro real, como se depreende do disposto nos arts. 20, § 6º;[107] 22[108] (*a contrario sensu*); 27[109] (*a contrario sensu*); 28;[110] 29, § 9º.[111]

---

[107] IN SRF nº 11/1996: "Art. 20. [...] § 6º. Não são dedutíveis como custo ou despesas operacionais as multas por infrações fiscais, salvo as de natureza compensatória e as impostas por infrações de que não resultem falta ou insuficiência de pagamento de tributo".

[108] IN SRF nº 11/1996: "Art. 22. A provisão para créditos de liquidação duvidosa somente será dedutível como despesa operacional, para fins de determinação do lucro real, quando constituída na forma do art. 43 da Lei nº 8.981 de 1995, com as modificações introduzidas pela Lei nº 9.065, de 1995".

[109] IN SRF nº 11/1996: "Art. 27. As despesas com alimentação somente poderão ser dedutíveis quando fornecidas pela pessoa jurídica, indistintamente, a todos os seus empregados. Parágrafo único. A dedutibilidade a que se refere este artigo independe da existência de Programa de Alimentação do Trabalhador e aplica-se, inclusive, às cestas básicas de alimentos fornecidas pela empresa, desde que indistintamente a todos os empregados".

[110] IN SRF nº 11/1996: "Art. 28. Para efeito de apuração do lucro real e da base de cálculo da contribuição social sobre o lucro é vedada a dedução das despesas com doações e contribuições não compulsórias".

[111] IN SRF nº 11/1996: "Art. 29. [...] § 9º. O valor do imposto será determinado sem o reajuste da respectiva base de cálculo e não será dedutível para fins de apuração do lucro real e da base de cálculo da contribuição social sobre o lucro".

Já a Lei nº 9.430/1996 (arts. 9º e 14) revogou a possibilidade de dedução do valor da provisão constituída para créditos de liquidação duvidosa, passando a ser dedutíveis as efetivas perdas no recebimento dos créditos decorrentes da atividade da pessoa jurídica, observadas as condições previstas naqueles dispositivos.

De modo semelhante a contribuição social sobre o lucro não é mais considerada despesa dedutível para fins da apuração do lucro real, devendo o respectivo valor ser adicionado ao lucro líquido (art. 1º da Lei nº 9.316/1996).

Outro ponto a se observar é que somente serão admitidas como dedutíveis as despesas com alimentação quando esta for fornecida pela pessoa jurídica, indistintamente, a todos os empregados.

Por fim, as despesas computadas no lucro líquido e consideradas indedutíveis pela lei fiscal deverão ser adicionadas para fins de apuração do lucro real do respectivo período.

Entre as despesas não aceitas pela legislação, há as que são consideradas adições temporárias, ou seja, não são aceitas em determinado momento; porém, quando cumprido certo requisito, são aproveitadas, ou seja, excluídas. A essas adições dá-se o nome de adições temporárias, pois revertem-se no decorrer do tempo.

Já quando a adição é definitiva, costuma-se chamá-las de permanentes, pois as mesmas permaneceram no tempo, não sendo revertidas em momento futuro.

Ativo não circulante

Podemos conceituar ativo não circulante como os bens de permanência duradoura, destinados ao funcionamento normal da sociedade e do seu empreendimento, assim como os direitos exercidos com essa finalidade. No âmbito da ciência contábil, este grupo é dividido em: (1) ativo realizável a longo prazo, (2) investimentos, (3) imobilizado e (4) intangível.

Nas vendas de bens desse grupo (anteriormente denominado "ativo permanente") em que o recebimento dos montantes acordados, no todo ou em parte, se dê após o término do ano-calendário seguinte ao da contratação, o contribuinte poderá, para efeito de determinar o lucro real, reconhecer o lucro na proporção da parcela do preço recebida em cada período de apuração.

Caso o contribuinte tenha reconhecido o lucro na escrituração comercial no período de apuração em que ocorreu a venda, os ajustes e o controle decorrentes do lucro diferido serão efetuados no livro de apuração do lucro real (Lalur).

É importante ressaltar que as vendas a longo prazo devem ter as datas de recebimento pactuadas em contrato, não se beneficiando do diferimento da tributação aquela venda cujo recebimento se verifica após o término do ano-calendário seguinte ao da contratação em virtude de atraso no pagamento do todo ou das prestações.

Outro ponto que deve ser destacado é a restrição que o item impõe limitando o benefício à venda de bens do grupo anteriormente denominado "ativo permanente", não se aplicando à venda de ativos intangíveis (que não têm existência física), como marcas e patentes, por exemplo.

Note-se que o art. 37 da Lei nº 11.941/2009 alterou o disposto no art. 178, § 1º, da Lei nº 6.404/1976, suprimindo o grupo "ativo permanente", contudo mantendo os subgrupos investimentos e imobilizado e adicionando o subgrupo intangível, doravante inseridos no grupo denominado ativo não circulante.

O entendimento é que o § 2º do art. 31 do Decreto-Lei nº 1.598/1977 aplique-se aos bens classificados nos subgrupos de investimentos e imobilizado, pois integravam o antigo grupo "ativo permanente". A possibilidade de diferimento é restrita a bens existentes nesses dois subgrupos, pois no atual ativo intangível não há a classificação de bens.

No subgrupo investimentos podemos encontrar a classificação de bens diversos, não relacionados à atividade operacional da empresa, tais como: imóveis para investimento e obras de arte.

Exemplo: uma empresa tributada pelo lucro real alienou um terreno em 29 de novembro de 2009, pelo valor de R$ 200.000,00, constante de seu ativo imobilizado, registrado na contabilidade por R$ 110.000,00. As condições de pagamento contratadas foram: no ato da venda o valor de R$ 50.000,00; em 29 de novembro de 2010, R$ 50.000,00; em 29 de novembro de 2011, R$ 100.000,00.

A contabilização, pela venda, será:

D – Caixa	R$ 50.000,00
D – Contas a receber	R$ 150.000,00
C – Venda de imobilizado	R$ 200.000,00

A contabilização da baixa será:

D – Baixa do imobilizado	
C – Terrenos	R$ 110.000,00

O lucro contábil, decorrente da venda do terreno, é de R$ 90.000,00 (200.000,00 – 110.000,00).

Porém, em vista da possibilidade do diferimento do lucro concedida pela legislação e considerando que no ano-base de 2009 foi recebido o valor equivalente a 25% do preço de venda, para fins fiscais é possível excluir 75% do lucro da operação, ou seja, R$ 90.000,00 × 75% = R$ 67.500,00.

Portanto, excluir-se-á do lucro líquido o valor de R$ 67.500,00 para fins de determinação do lucro real, no ano de 2009. Tal valor será controlado na parte B do Lalur.

No período-base que abrange o mês de novembro de 2010, em vista do recebimento de mais 25% do preço de venda, será adicionado ao lucro líquido para fins de apuração da base de cálculo do imposto de renda o valor de R$ 22.500,00, correspondente a 25% do lucro da operação. Esse valor será baixado na parte B do Lalur, restando aí um saldo a tributar de R$ 45.000,00.

No ano de 2011, quando a empresa receber os restantes R$ 100.000,00, oferecerá à tributação o saldo do lucro diferido (R$ 45.000,00), registrado na parte B do Lalur, baixando o mesmo valor da parte B do referido livro.

Depreciação e amortização

A depreciação, amortização e exaustão estão previstas no art. 183, § 2º, da Lei nº 6.404/1964, alterada pela Lei nº 11.941/2009. Veja:

> § 2º. A diminuição do valor dos elementos dos ativos imobilizado e intangível será registrada periodicamente nas contas de: (Redação dada pela Lei nº 11.941, de 2009)
>
> a) depreciação, quando corresponder à perda do valor dos direitos que têm por objeto bens físicos sujeitos a desgaste ou perda de utilidade por uso, ação da natureza ou obsolescência;
>
> b) amortização, quando corresponder à perda do valor do capital aplicado na aquisição de direitos da propriedade industrial ou comercial e quaisquer outros com existência ou exercício de duração limitada, ou cujo objeto sejam bens de utilização por prazo legal ou contratualmente limitado;
>
> c) exaustão, quando corresponder à perda do valor, decorrente da sua exploração, de direitos cujo objeto sejam recursos minerais ou florestais, ou bens aplicados nessa exploração.

Assim, podemos afirmar que os elementos que integram o ativo imobilizado (e intangível) têm um período limitado de vida útil econômica. Exatamente por essa razão, o custo de tais ativos deve ser alocado de maneira sistemática aos exercícios beneficiados por seu uso no decorrer de sua vida útil econômica.

A contabilização, em especial da depreciação, deve respeitar não só esse dispositivo como também o art. 183, § 3º, II, da Lei das S/A, o qual determina expressamente que a companhia deve analisar, periodicamente, a recuperação dos valores registrados no imobilizado (e também no intangível) de forma a ajustar os critérios utilizados para determinação da vida útil estimada e para o cálculo da depreciação, amortização e exaustão.

Os critérios básicos de depreciação, de acordo com a legislação fiscal, estão consolidados no RIR/1999, nos arts. 305 a 323. No entanto, as taxas anuais de depreciação admitidas pelo fisco para uso normal do bem em turno de oito horas diárias constam de publicações à parte da Secretaria da Receita Federal (SRF).

Para fins contábeis, diferentemente do que ocorre com as legislações societárias e fiscais, deve-se fazer uma apuração criteriosa dos bens da empresa que formam o ativo imobilizado e estimar sua vida útil econômica e seu valor residual. Portanto, quando houver diferença entre a depreciação apurada e aquela aceita pelo fisco, deve-se lançar essa diferença como ajuste no livro de apuração do lucro real.

O valor depreciável de um ativo imobilizado é determinado pela diferença entre o custo pelo qual está reconhecido deduzido o valor residual.

Já a vida útil de um item do imobilizado é definida em termos da utilidade esperada do ativo para a entidade, que pode ser traduzida no (1) período durante o qual a empresa espera utilizar o ativo e (2) número de unidades de produção ou de unidades semelhantes que a entidade espera obter pela utilização do ativo.

Contabilmente falando, existem diversos métodos para que seja calculada a depreciação, como o método das cotas constantes, o método da soma dos dígitos dos anos, o método de unidades produzidas e o método de horas de trabalho.

Podem ser depreciados todos os bens físicos sujeitos a desgaste pelo uso ou por causas naturais ou obsolescência normal. Não será admitida cota de depreciação sobre custo de aquisição de terreno, prédios ou construções não utilizados na produção de rendimentos e de bens que normalmente aumentam ou têm seu valor aumentado com o tempo, como obras de arte. O valor das construções ou benfeitorias realizadas, sem direito a indenização, em terreno alugado com prazo indeterminado, poderá ser depreciado.

A depreciação de bens usados pode ser feita considerando como prazo de vida útil o maior entre os seguintes: (1) metade do prazo de vida útil admissível para o bem adquirido novo; (2) restante da vida útil do bem, considerada esta em relação à primeira instalação para utilização.

Existe também o que é comumente chamado de depreciação acelerada, em função do número de horas trabalhadas. Essa modalidade de depreciação tem os seguintes coeficientes (art. 302, RIR/1999):

Horas	Coeficiente
Um turno de 8 horas	1,0
Dois turnos de 8 horas	1,5
Três turnos de 8 horas	2,0

Provisões

Segundo o CPC nº 25, "provisão é um passivo de prazo ou de valor incertos". O pronunciamento diz ainda:

As provisões podem ser distintas de outros passivos tais como contas a pagar e passivos derivados de apropriações por competência (*accruals*) porque há incerteza sobre o prazo ou o valor do desembolso futuro necessário para a sua liquidação.

Na determinação do lucro real, serão adicionados ao lucro líquido do período de apuração "os custos, despesas, encargos, perdas, *provisões*, participações e quaisquer outros valores deduzidos na apuração do lucro líquido que, de acordo com a legislação tributária, não sejam dedutíveis na determinação do lucro real" (Decreto-Lei nº 1.598/1977, art. 6º, § 2º, "a", grifo nosso).

A SRFB define:

> Provisões são expectativas de obrigações ou de perdas de ativos resultantes da aplicação do princípio contábil da Prudência. São efetuadas com o objetivo de apropriar no resultado de um período de apuração, segundo o regime de competência, custos ou despesas que provável ou certamente ocorrerão no futuro.[112]

Na determinação do lucro real, somente poderão ser deduzidas as provisões expressamente autorizadas pela legislação tributária.

O RIR/1999, em seus arts. 335 a 339, considera provisões dedutíveis:

1) provisões técnicas compulsórias: as provisões técnicas das companhias de seguro e de capitalização, bem como das entidades de previdência privada, cuja constituição é exigida pela legislação especial a elas aplicável (Lei nº 9.249/1995, art. 13, I);
2) remuneração de férias: o contribuinte poderá deduzir, como custo ou despesa operacional, em cada período de apuração, importância destinada a constituir provisão para pagamento de remuneração correspondente a férias de seus empregados

---

[112] BRASIL. Ministério da Fazenda. Secretaria da Receita Federal do Brasil. *Provisões*. Disponível em: <www.receita.fazenda.gov.br/pessoajuridica/dipj/2005/pergresp2005/pr413a417.htm>. Acesso em: 3 out. 2015.

(Decreto-Lei nº 1.730/1979, art. 4º, e Lei nº 9.249/1995, art. 13, I);

3) décimo terceiro salário: o contribuinte poderá deduzir, como custo ou despesa operacional, em cada período de apuração, importância destinada a constituir provisão para pagamento de remuneração correspondente ao 13º salário de seus empregados (Lei nº 9.249/1995, art. 13, I);

4) provisão para imposto de renda: é obrigatória, em cada período de apuração, a constituição de provisão para imposto de renda, relativa ao imposto devido sobre o lucro real e lucros, cuja tributação tenha sido diferida, desse mesmo período de apuração (Lei nº 6.404/1976, art. 189).

Ganho de capital

O *ganho de capital* é representado pela diferença entre o valor de aquisição e o valor de transferência (venda) do bem.

Quando ocorre a venda, ou mesmo a transferência por doação, permuta ou partilha, de qualquer bem, o alienante deve verificar se é o caso de apurar o ganho de capital e pagar o imposto sobre esse valor. Tanto os bens móveis (participações em empresas, carros, joias etc.) quanto os imóveis podem gerar ganho de capital. O adquirente (comprador ou o novo proprietário do bem), no momento da aquisição, não está obrigado a pagar o imposto sobre ganho de capital.

De acordo com a SRFB:

> Estão sujeitas à apuração de ganho de capital as operações que importem:
>
> I - alienação, a qualquer título, de bens ou direitos ou cessão ou promessa de cessão de direitos à sua aquisição, tais como as realizadas por compra e venda, permuta, adjudicação, desapro-

priação, dação em pagamento, procuração em causa própria, promessa de compra e venda, cessão de direitos ou promessa de cessão de direitos e contratos afins;

II - transferência a herdeiros e legatários na sucessão *causa mortis*, a donatários na doação, inclusive em adiantamento da legítima, ou atribuição a ex-cônjuge ou ex-convivente, na dissolução da sociedade conjugal ou união estável, de direito de propriedade de bens e direitos adquiridos por valor superior àquele pelo qual constavam na Declaração de Ajuste Anual do *de cujus*, do doador, do ex-cônjuge ou ex-convivente pelos valores, conforme legislação pertinente, informados na última declaração de quem os declarava;

III - alienação de bens ou direitos e liquidação ou resgate de aplicações financeiras, de propriedade de pessoa física, adquiridos, a qualquer título, em moeda estrangeira.

(Instrução Normativa SRF nº 118, de 27 de dezembro de 2000; Instrução Normativa SRF nº 84, de 11 de outubro de 2001, art. 3º)[113]

O imposto sobre o ganho de capital é calculado de maneira diferente em se tratando de pessoa física ou pessoa jurídica.

Para pessoas físicas, apurado o ganho (diferença entre custo de aquisição e valor de alienação) aplica-se sobre ele uma alíquota fixa de 15%.

Para pessoas jurídicas, apurado o ganho (diferença entre custo de aquisição e valor de alienação), este é somado ao lucro da empresa e tributado conforme a opção pelo lucro presumido ou lucro real.

---

[113] BRASIL. Ministério da Fazenda. Secretaria da Receita Federal do Brasil. Perguntão. *Operações sujeitas à apuração do ganho de capital*. Disponível em: <www.receita.fazenda.gov.br/pessoafisica/irpf/2013/perguntao/perguntas/pergunta-533.htm>. Acesso em: 3 out. 2015.

Questões de automonitoramento

1) Após ler este capítulo, você é capaz de resumir o caso gerador do capítulo 7, identificando as partes envolvidas, os problemas atinentes e as soluções cabíveis?

2) Quais os requisitos para que a sociedade empresária utilize o critério de reconhecimento das receitas das vendas de bens e direitos ou da prestação de serviços com pagamento a prazo ou em parcelas na medida dos recebimentos (regime de caixa)?

3) Distinga os regimes de reconhecimento das receitas pelo critério da competência e pelo critério de caixa.

4) O rol de receitas não operacionais constantes do Decreto nº 3.000/1999 (RIR/1999) é exemplificativo ou taxativo?

5) Tendo em conta as despesas indedutíveis, manifeste-se sobre a possibilidade de dedução do valor da provisão constituída para créditos de liquidação duvidosa.

6) Pense e descreva, mentalmente, alternativas para a solução do caso gerador do capítulo 7.

5

Contabilidade tributária. IR – Métodos de antecipação: estimativa e balancete de suspensão e redução, aproveitamento de prejuízo fiscal, registro dos saldos de despesa de IRPJ e IR diferido

Roteiro de estudo

A contabilidade tributária no IR

A contabilidade brasileira sempre foi muito influenciada pelas regras, parâmetros, critérios e limites fixados pelas normas fiscais, em especial a legislação do imposto de renda (IR).[114] No entanto, era feita, pela maioria das empresas, com fundamento nas determinações estabelecidas pela legislação fiscal, sem preocupação de sua aderência à prática e aos padrões internacionais de contabilidade.

As principais normas, limites e princípios acerca dos tributos constam na Constituição Federal de 1988 (CF/1988). Dessa forma, em seu art. 153, podemos encontrar a determinação no sentido de que o imposto sobre a renda (ou imposto de renda)

---

[114] IUDÍCIBUS, Sergio et al. *Manual de contabilidade societária*. São Paulo: Atlas. 2010. p. 1.

é de competência da União. Isso quer dizer que se trata de um imposto federal, de maneira que as regras aqui tratadas aplicam-se indistintamente a todo o país. O § 2º do art. 153 dispõe, ainda, que o imposto sobre a renda será informado pelos critérios da generalidade, da universalidade e da progressividade.

O art. 43 do Código Tributário Nacional (CTN) também fixa regras gerais e diretrizes para o IR:

> Art. 43. O imposto, de competência da União, sobre a renda e proventos de qualquer natureza tem como fato gerador a aquisição da disponibilidade econômica ou jurídica:
> I - de renda, assim entendido o produto do capital, do trabalho ou da combinação de ambos;
> II - de proventos de qualquer natureza, assim entendidos os acréscimos patrimoniais não compreendidos no inciso anterior.
> § 1º. A incidência do imposto independe da denominação da receita ou do rendimento, da localização, condição jurídica ou nacionalidade da fonte, da origem e da forma de percepção.
> § 2º. Na hipótese de receita ou de rendimento oriundos do exterior, a lei estabelecerá as condições e o momento em que se dará sua disponibilidade, para fins de incidência do imposto referido neste artigo.

Renda, em conformidade com os dispositivos acima referidos, pode ser conceituada como acréscimo patrimonial, de modo que o imposto não pode incidir sobre meros ingressos quando não representem riqueza nova. Dessa forma, o IR, no caso das empresas, deve incidir sobre o lucro.

Considerando a necessidade de convergência das normas contábeis do país aos padrões internacionais, a Lei nº 11.941/2009[115]

---

[115] A Lei nº 11.638, de 28 de dezembro de 2007, alterou a Lei nº 6.404, de 15 de dezembro de 1976 (Lei das Sociedades por Ações), modificando a base de cálculo do Imposto sobre a Renda da Pessoa Jurídica (IRPJ), da Contribuição Sobre o Lucro Líquido (CSLL), da

instituiu o regime tributário de transição (RTT), de forma opcional, para os anos-calendário de 2008 e 2009, e obrigatória a partir do ano-calendário de 2010. A Lei nº 12.973/2014, fruto da conversão da Medida Provisória nº 627/2013, extinguiu o denominado RTT. A exposição de motivos da aludida Medida Provisória nº 627/2013 revela o pleito da comunidade empresarial no sentido de se evitar a completa segregação da contabilidade fiscal da contabilidade societária, nos seguintes termos:

> 15.2. O art. 8º, também em razão dos avanços tecnológicos e objetivando melhor controle, mediante o aperfeiçoamento da forma de escriturar e de disponibilizar o livro de apuração do lucro real fiscal, obriga os contribuintes a escriturar o livro eletrônico de escrituração e apuração da pessoa jurídica pelo lucro real. *A manutenção da sistemática de ajustes em Livro Fiscal para os ajustes do lucro líquido decorrentes do RTT foi pleiteada pela comunidade empresarial brasileira em detrimento da possível adoção da Contabilidade Fiscal segregada da Contabilidade Societária (two books of account), o que elevaria o custo Brasil para as empresas* [grifo nosso].

Métodos de antecipação

O lucro real é um regime de tributação no qual a empresa reconhece as receitas, custos e despesas, atendendo ao princípio contábil da competência. Nele, as pessoas jurídicas podem optar pelo pagamento do IRPJ e da CSLL por dois métodos: estimativa ou suspensão/redução.

No pagamento por estimativa, o pagamento do IRPJ e da CSLL deverá ser mensal. Conforme o art. 2º da Lei nº 9.430/1996,

---

contribuição para o PIS/Pasep e da Contribuição para o Financiamento da Seguridade Social (Cofins).

a pessoa jurídica sujeita à tributação com base no lucro real poderá optar pelo pagamento desses tributos em cada mês. O valor dos mesmos é determinado aplicando-se suas alíquotas sobre a base de cálculo, a qual é obtida a partir da receita bruta auferida mensalmente.

Já no método de suspensão/redução, segundo Higuchi e Higuchi,[116]

> o art. 35 da Lei nº 8.981/95, com nova redação dada pela Lei nº 9.065/95, dispõe que a pessoa jurídica poderá reduzir ou suspender o pagamento do Imposto de Renda e da Contribuição Social de cada mês, desde que demonstre, através de balanços ou balancetes mensais, que o valor acumulado já pago excede o valor do imposto, inclusive adicional pelo art. 2º da Lei nº 9.430/96.

Portanto a pessoa jurídica poderá compensar integralmente os prejuízos fiscais com os lucros apurados no próprio ano-calendário.

Método por estimativa

Na apuração do lucro estimado, para o cálculo das antecipações é utilizado procedimento semelhante ao cálculo do lucro presumido, inclusive utilizam-se os percentuais aplicáveis sobre a receita bruta, de acordo com a atividade da pessoa jurídica, conforme o art. 15 da Lei nº 9.249/1995.

Ao resultado do percentual aplicado sobre a receita bruta, são acrescidas as demais receitas (juros auferidos, descontos obtidos etc.). Os ganhos de capital comporão a base de cálculo sem qualquer redução (100% do valor apurado).

---

[116] HIGUCHI, Hiromi; HIGUCHI, Fabio H. *Imposto de renda das empresas*. 33. ed. São Paulo: Atlas, 2008, p. 28.

A receita bruta das vendas e serviços compreende o produto da venda de bens e o preço dos serviços prestados, podendo ser deduzidas as vendas canceladas e os descontos incondicionais concedidos.

Percentuais para a base de cálculo da estimativa		
Atividades	Base de cálculo	
	IRPJ	CSLL
Comércio/indústria	8,0%	12,0%
Transporte de carga	8,0%	12,0%
Serviços em geral	32,0%	32,0%
Serviço profissional	32,0%	32,0%
Transporte, exceto de carga	16,0%	12,0%
Revenda de combustível	1,6%	12,0%
Factoring	32,0%	32,0%
Serviço hospitalar	8,0%	12,0%

Fonte: RFB.

O cálculo da estimativa é mensal; portanto, são consideradas a receita bruta e as demais receitas auferidas no mês. Logo, será calculado o adicional de imposto de renda sempre que a base de cálculo do IRPJ for superior a R$ 20.000,00.

Veja alguns exemplos a seguir.

Cálculo do imposto de renda pela estimativa, referente ao mês de janeiro/X14:			
Dados referentes ao mês de janeiro/X14:			
Receita bruta do comércio	R$ 20.000,00		
Receita bruta de serviços	R$ 20.000,00		
Juros de clientes	R$ 2.000,00		
Estimativa – imposto de renda			
Receita	Receita	Percentual	Total
Comércio	R$ 20.000,00 X	8% =	R$ 1.600,00
Serviços	R$ 20.000,00 X	32% =	R$ 6.400,00
Juros cobrados		=	R$ 2.000,00
Base de cálculo do IRPJ por estimativa			R$ 10.000,00
Alíquota de IRPJ			15%
IRPJ devido			R$ 1.500,00

Cálculo do imposto de renda pela estimativa, referente ao mês de novembro/X14:			
Dados referentes ao mês de novembro/X14:			
Receita bruta do comércio	R$ 660.000,00		
Receita bruta de serviços	R$ 660.000,00		
Juros de clientes	R$ 66.000,00		
Estimativa – imposto de renda			
Receita	Receita	Percentual	Total
Comércio	R$ 660.000,00 X	8% =	R$ 52.800,00
Serviços	R$ 660.000,00 X	32% =	R$ 211.200,00
Juros cobrados		=	R$ 66.000,00
Base de cálculo do IRPJ por estimativa			R$ 330.000,00
Alíquota de IRPJ – 15%			R$ 49.500,00
Adicional de IRPJ – 10%			R$ 11.000,00
IRPJ devido			R$ 60.500,00

MÉTODO POR BALANCETE DE SUSPENSÃO E REDUÇÃO

Conforme já exposto, a empresa poderá suspender ou reduzir o pagamento das antecipações mensais do imposto de renda calculado pela estimativa, desde que demonstre, por meio de balanços ou balancetes do período em curso, que o valor acumulado já pago a título de antecipação de IRPJ excede o valor devido, calculado com base no lucro apresentado.

Veja o exemplo a seguir.

Cálculo do imposto de renda pelo balancete de suspensão ou redução, referente ao período de janeiro a março/X14					
Dados referentes ao período de janeiro a março/X14:					
Mês	Receitas de vendas	Custos/ despesas	Outras receitas	Adições	Exclusões
Janeiro	R$ 1.000.000,00	R$ 900.000,00	–	R$ 10.000,00	–
Fevereiro	R$ 1.200.000,00	R$ 1.150.000,00	–	–	–
Março	R$ 1.100.000,00	R$ 1.135.000,00	R$ 30.000,00	–	R$ 10.000,00

Janeiro – balancete de suspensão ou redução – imposto de renda:	
	Total
Receitas de vendas	1.000.000,00
Custos/despesas	(900.000,00)
Outras receitas	0,00
Resultado contábil	**100.000,00**
Adições	10.000,00
Exclusões	0,00
Base de cálculo do IRPJ	**110.000,00**
Alíquota de IRPJ - 15%	16.500,00
Adicional de IRPJ - 10%	9.000,00
IRPJ devido	**R$ 25.500,00**

Cabe ressaltar que o adicional de IRPJ no balancete será calculado sempre que a base de cálculo exceder R$ 20.000,00, multiplicado pelo número de meses do período em curso. Neste caso, em janeiro, será o que exceder R$ 20.000,00; em fevereiro, o que exceder R$ 40.000,00; em março, o que exceder R$ 60.000,00, e assim por diante, até dezembro, o adicional será calculado se a base de cálculo for superior a R$ 240.000,00.

Fevereiro – balancete de suspensão ou redução – imposto de renda:	
	Total
Receitas de vendas	2.200.00,00
Custos/despesas	(2.050.000,00)
Outras receitas	0,00
Resultado contábil	**1.500.000,00**
Adições	10.000,00
Esclusões	0,00
Base de cálculo do IRPJ	**160.000,00**
Alíquota de IRPJ – 15%	24.000,00
Adicional de IRPJ – 10%	12.000,00
IRPJ devido	**R$ 36.000,00**
Fevereiro – balancete de suspensão ou redução – imposto de renda a pagar:	
	Total
IRPJ devido com base no balancete – janeiro a fevereiro/X14	36.000,00
IRPJ antecipado – janeiro a fevereiro/X14	(25.500,00)
IRPJ a pagar com base no balancete – fevereiro/X14	**R$ 10.500,00**

Março – balancete de suspensão ou redução – imposto de renda:	
	Total
Receitas de vendas	3.300.00,00
Custos/despesas	(3.185.000,00)
Outras receitas	30.000,00
Resultado contábil	**145.000,00**
Adições	10.000,00
Esclusões	(10.000,00)
Base de cálculo do IRPJ	**145.000,00**
Alíquota de IRPJ – 15%	21.750,00
Adicional de IRPJ – 10%	8.500,00
IRPJ devido	**R$ 30.250,00**
Março – balancete de suspensão ou redução – imposto de renda a pagar:	
	Total
IRPJ devido com base no balancete – janeiro a março/X14	30.250,00
IRPJ antecipado – janeiro a março/X14	(36.000,00)
IRPJ a pagar com base no balancete – março/X14	**–R$ 5.750,00**

Redução

A redução ocorre quando a empresa, em determinado mês, demonstra que o valor apurado de IRPJ, calculado sobre o resultado contábil, balanço/balancete, menos o valor já pago durante o período acumulado, é inferior ao cálculo pela estimativa com base na receita bruta.

Este estudo deve ser feito a cada mês do ano, levando em conta também a possibilidade de suspensão do pagamento das antecipações.

Veja o exemplo a seguir.

IRPJ apurado em novembro/X14 com base no balancete de janeiro a novembro de X14:	
IRPJ devido com base no balancete – jan. a nov./X14	R$ 700.000,00
IRPJ antecipado – jan. a nov./X14	R$ 600.000,00
IRPJ a pagar com base no balancete – jan. a nov./X14	**R$ 100.00,00**
IRPJ apurado em novembro/X14 pela estimativa:	
Valor do IRPJ devido com base na estimativa – nov./X14	R$ 300.000,00
Comparação saldo a pagar de IRPJ por estimativa e por redução:	
Diferença do saldo de IRPJ a pagar entre os métodos	–R$ 200.000,00

Podemos fazer as seguintes observações, levantando um balancete do período acima descrito (janeiro a novembro/X14) e calculando os impostos sobre o lucro contábil ajustado, apesar de chegar ao valor de R$ 700.000,00. Nesse caso, serão deduzidos os impostos já pagos, retidos ou compensados nos respectivos meses, no montante de R$ 600.000,00, restando saldo a pagar de apenas R$ 100.000,00.

Já no caso do recolhimento com base na receita bruta (estimativa) custaria para a empresa o montante de R$ 300.000,00, pois os valores pagos, retidos ou compensados nos meses anteriores não podem ser deduzidos por não comporem a base de cálculo do mês.

Cabe ressaltar que o mesmo critério adotado para o cálculo do imposto de renda deverá ser também utilizado para a contribuição social, razão pela qual deve ser analisada a melhor alternativa calculando os dois tributos.

Suspensão

A suspensão do recolhimento do IRPJ ocorre quando a empresa, em um determinado mês, demonstra que o valor apurado a título de IRPJ, calculado sobre o resultado contábil, balanço/balancete, é inferior aos valores já pagos, retidos ou compensados nos respectivos meses.

Veja o exemplo a seguir.

IRPJ apurado em novembro/X14 com base no balancete de janeiro a novembro de X14:	
IRPJ devido com base no balancete – jan. a nov./X14	R$ 500.000,00
IRPJ antecipado – jan. a nov./X14	R$ 600.000,00
IRPJ a pagar com base no balancete – jan. a nov./X14	–R$ 100.000,00
IRPJ apurado em novembro/X14 pela estimativa:	
Valor do IRPJ devido com base na estimativa – nov./X14	R$ 300.000,00
Comparação saldo a pagar de IRPJ por estimativa e por redução:	
Diferença do saldo de IRPJ a pagar entre os métodos	–R$ 400.000,00

Pode-se observar que, levantando um balancete do período acima descrito (janeiro a novembro/X14) e calculando os impostos sobre o lucro contábil ajustado, apesar de chegarmos ao valor de R$ 500.000,00 – superior ao valor calculado pela estimativa, no montante de R$ 300.000,00 –, serão deduzidos os impostos já pagos, retidos ou compensados nos respectivos meses no montante de R$ 600.000,00, não restando saldo a pagar de imposto de renda. Assim a antecipação referente a novembro/X14 fica suspensa.

Cabe ressaltar que o recolhimento com base na receita bruta (estimativa) custaria para a empresa R$ 300.000,00, pois os valores pagos, retidos ou compensados nos meses anteriores, não podem ser deduzidos por não comporem a base de cálculo do mês.

Esse estudo deve ser feito a cada mês do ano, levando em conta também a possibilidade de suspensão do pagamento das antecipações.

Aproveitamento de prejuízo fiscal

A partir de 1º de janeiro de 1995, os prejuízos fiscais para fins do imposto de renda e da contribuição social poderão ser compensados independentemente de qualquer prazo, observado em cada período de apuração o limite de 30% do lucro líquido ajustado.

Poderão ser compensados os prejuízos fiscais apurados em períodos encerrados a partir de 1995, bem como os saldos ainda não compensados, existentes em 31 de dezembro de 1994, de prejuízos fiscais apurados a partir do ano-calendário de 1991.

De acordo com RIR/1999:

1) somente poderão compensar prejuízos fiscais as pessoas jurídicas que mantiverem em perfeita ordem os livros e registros que comprovem tais prejuízos;

2) somente poderão ser compensados os prejuízos fiscais apurados em períodos nos quais a empresa for tributada pelo lucro real; portanto, não poderão ser compensados prejuízos apurados em empresas optantes pelo lucro presumido;

3) a pessoa jurídica não poderá compensar seus prejuízos fiscais, se, entre a data da apuração e da compensação do prejuízo, houver ocorrido, cumulativamente, mudança do seu controle societário e do ramo de atividade, conforme disposto no art. 513 do RIR/1999;

4) as empresas que optarem pelo levantamento trimestral, de acordo com a Lei nº 9.430, art. 1º, a partir de 1º de janeiro de 1997, devem obedecer à limitação de 30% em relação ao lucro real do trimestre, ou seja, não poderão compensar 100% saldos negativos de trimestres dentro do ano-calendário com saldo positivo;

5) os prejuízos não operacionais apurados pelas pessoas jurídicas a partir de 1º de janeiro de 1996 somente poderão ser compensados nos períodos subsequentes aos da sua apuração (trimestral ou anual) com lucros da mesma natureza, observado o limite de 30% do referido lucro. Consideram-se prejuízo não operacional as perdas na venda de imobilizado (regra somente aplicável para o imposto de renda).

Veja o exemplo a seguir.

Cálculo do imposto de renda referente ao período de janeiro a novembro/X14, com compensação de prejuízo fiscal:

Dados referentes ao período de janeiro a novembro/X14:

Mês	Receitas de vendas	Custos/ despesas	Outras receitas	Adições	Exclusões
Março	R$ 2.300.000,00	R$ 1.200.000,00	R$ 300.000,00	R$ 275.000,00	R$ 150.000,00
Saldo de prejuízo fiscal até o mês de novembro/X14					R$ 700.000,00

Cálculo do imposto de renda – novembro/X14	
	Total
Receitas de vendas	2.300.000,00
Custos/despesas	(1.200.000,00)
Outras receitas	300.000,00
Resultado contábil	**1.400.000,00**
Adições	275.000,00
Exclusões	(150.000,00)
Base de cálculo do IRPJ (antes da compensação do prejuízo fiscal)	**1.525.000,00**
Compensação do prejuízo fiscal (30%)	(457.500,00)
Base de cálculo do IRPJ (após a compensação do prejuízo fiscal)	1.067.500,00
Alíquota de IRPJ – 15%	160.125,00
Adicional de IRPJ – 10%	84.750,00
IRPJ devido	R$ 244.875,00

Controle do prejuízo fiscal – novembro/X14:	
	Total
Saldo de prejuízo fiscal até o mês de novembro/X14	700.000,00
Compensação do prejuízo fiscal no mês de novembro/X14	(475.500,00)
Saldo remanescente de prejuízo fiscal – novembro/X14	**R$ 242.500,00**

Cabe ressaltar que caso a sociedade tribute o IRPJ pelo lucro real trimestral, o lucro do trimestre anterior não poderá ser compensado com prejuízo fiscal de trimestres seguintes, ainda que dentro do mesmo ano-calendário. Ter em vista que o prejuízo fiscal de um trimestre só poderá reduzir o lucro real dos trimestres seguintes até o limite de 30%.

Registros contábeis

Conforme mencionado, após a apuração do lucro líquido com base na contabilidade, para fins de apuração da base de cálculo do IR e da CSLL, há que efetuar os ajustes. Trata-se de adições e exclusões, todas escrituradas no livro de apuração do lucro real (Lalur), ou em livro específico para apuração da CSLL.

Os registros contábeis que forem necessários para a observância de preceitos da lei tributária relativos à determinação do lucro real e da base de cálculo da CSLL, quando não devam, por sua natureza exclusivamente fiscal, constar da escrituração comercial, ou sejam diferentes dos lançamentos dessa escrituração, serão feitos no Lalur ou em livros auxiliares, conforme disposto no art. 270 do RIR/1999.

Assim, valores lançados na contabilidade que diminuem o lucro, mas que, pela legislação do IR e da CSLL, são indedutíveis, devem ser adicionados ao resultado pelo Lalur. Da mesma forma, valores que foram acrescentados ao resultado contábil, mas que, pela legislação, não devem compor a base de cálculo do IR, serão excluídos no Lalur.

Cabe ressaltar que a partir de 1º de janeiro de 2008 passaram a produzir efeitos as alterações promovidas pela Lei nº 11.638/2007, que modificaram as normas contábeis brasileiras (visando à convergência para as normas internacionais). Tais alterações afetam o lucro líquido contábil e, consequentemente, a apuração do IRPJ e CSLL pelo lucro real. A fim de que essas alterações contábeis não afetassem a apuração do IR e da CSLL, foi criado o regime tributário de transição (RTT), objetivando a neutralidade tributária.

A entidade do setor público deve manter procedimentos uniformes de registros contábeis, por meio de processo manual, mecanizado ou eletrônico, em rigorosa ordem cronológica, como suporte às informações.

Conforme disposto no item 4 do anexo à Resolução CFC nº 1.132, de 21 de novembro de 2002, que aprovou a NBC T 16.5 – Registro Contábil.

Conforme disposto na NBC T 16.5 – Registro Contábil, aprovada pela citada Resolução CFC nº 1.132:

4. São características do registro e da informação contábil no setor público, devendo observância aos princípios e às Normas Brasileiras Aplicadas ao Setor Público.

a) Comparabilidade: os registros e as informações contábeis devem possibilitar a análise da situação patrimonial de entidades do setor público ao longo do tempo e estaticamente, bem como a identificação de semelhanças e diferenças dessa situação patrimonial com a de outras entidades.

b) Compreensibilidade: as informações apresentadas nas demonstrações contábeis devem ser entendidas pelos usuários. Para esse fim, presume-se que estes já tenham conhecimento do ambiente de atuação das entidades do setor público. Todavia, as informações relevantes sobre temas complexos não devem ser excluídas das demonstrações contábeis, mesmo sob o pretexto de que são de difícil compreensão pelos usuários.

c) Confiabilidade: o registro e a informação contábil devem reunir requisitos de verdade e de validade que possibilitem segurança e credibilidade aos usuários no processo de tomada de decisão.

d) Fidedignidade: os registros contábeis realizados e as informações apresentadas devem representar fielmente o fenômeno contábil que lhes deu origem.

e) Imparcialidade: os registros contábeis devem ser realizados e as informações devem ser apresentadas de modo a não privilegiar interesses específicos e particulares de agentes e/ou entidades.

f) Integridade: os registros contábeis e as informações apresentadas devem reconhecer os fenômenos patrimoniais em sua totalidade, não podendo ser omitidas quaisquer partes do fato gerador.

g) Objetividade: o registro deve representar a realidade dos fenômenos patrimoniais em função de critérios técnicos contábeis preestabelecidos em normas ou com base em procedimentos adequados, sem que incidam preferências individuais que provoquem distorções na informação produzida.

h) Representatividade: os registros contábeis e as informações apresentadas devem conter todos os aspectos relevantes.

i) Tempestividade: os fenômenos patrimoniais devem ser registrados no momento de sua ocorrência e divulgados em tempo hábil para os usuários.

j) Uniformidade: os registros contábeis e as informações devem observar critérios padronizados e contínuos de identificação, classificação, mensuração, avaliação e evidenciação, de modo que fiquem compatíveis, mesmo que geradas por diferentes entidades. Esse atributo permite a interpretação e a análise das informações, levando-se em consideração a possibilidade de se comparar a situação econômico-financeira de uma entidade do setor público em distintas épocas de sua atividade.

k) Utilidade: os registros contábeis e as informações apresentadas devem atender às necessidades específicas dos diversos usuários.

l) Verificabilidade: os registros contábeis realizados e as informações apresentadas devem possibilitar o reconhecimento das suas respectivas validades.

m) Visibilidade: os registros e as informações contábeis devem ser disponibilizados para a sociedade e expressar, com transparência, o resultado da gestão e a situação patrimonial da entidade do setor público.

5. A entidade do setor público deve manter sistema de informação contábil refletido em plano de contas que compreenda:

a) a terminologia de todas as contas e sua adequada codificação, bem como a identificação do subsistema a que pertence, a natureza e o grau de desdobramento, possibilitando os registros de valores e a integração dos subsistemas;

b) a função atribuída a cada uma das contas;

c) o funcionamento das contas;

d) a utilização do método das partidas dobradas em todos os registros dos atos e dos fatos que afetam ou possam vir a afetar o patrimônio das entidades do setor público, de acordo com sua natureza orçamentária, financeira, patrimonial e de compensação nos respectivos subsistemas contábeis;

e) contas específicas que possibilitam a apuração de custos;

f) tabela de codificação de registros que identifique o tipo de transação, as contas envolvidas, a movimentação a débito e a crédito e os subsistemas utilizados.

6. O registro deve ser efetuado em idioma e moeda corrente nacionais, em livros ou meios eletrônicos que permitam a identificação e o seu arquivamento de forma segura.

7. Quando se tratar de transação em moeda estrangeira, esta, além do registro na moeda de origem, deve ser convertida em moeda nacional, aplicando a taxa de câmbio oficial e vigente na data da transação.

8. O Livro Diário e o Livro Razão constituem fontes de informações contábeis permanentes e neles são registradas as transações que afetem ou possam vir a afetar a situação patrimonial.

9. O Livro Diário e o Livro Razão devem ficar à disposição dos usuários e dos órgãos de controle, na unidade contábil, no prazo estabelecido em legislação específica.

10. Os registros contábeis devem ser efetuados de forma analítica, refletindo a transação constante em documento hábil, em consonância com os Princípios Fundamentais de Contabilidade. [...].

13. São elementos essenciais do registro contábil:

a) a data da ocorrência da transação;

b) a conta debitada;

c) a conta creditada;

d) o histórico da transação de forma descritiva ou por meio do uso de código de histórico padronizado, quando se tratar de escrituração eletrônica, baseado em tabela auxiliar inclusa em plano de contas;

e) o valor da transação;

f) o número de controle para identificar os registros eletrônicos que integram um mesmo lançamento contábil.

Método das partidas dobradas

Foi descrito pela primeira vez em 1494, na Itália, pelo frade Luca Pacioli no livro *Summa de arithmetica, geometria, proportioni et proportionalità* (*Coleção de conhecimentos de aritmética, geometria, proporção e proporcionalidade*), no capítulo "Particulario de computies et scripturis" ("Contabilidade por partidas dobradas"), que fala sobre um tratado da contabilidade. Nesse capítulo, ele enfatiza que a teoria contábil do débito e do crédito corresponde à teoria dos números positivos e negativos. O método teve rápida difusão e foi universalmente aceito e adotado desde aquela época, sendo hoje considerado um dos pilares da contabilidade moderna.

Esse método reza que, em cada lançamento, o valor total lançado nas contas a débito deve ser sempre igual ao total do valor lançado nas contas a crédito. Ou seja, não há devedor sem credor correspondente. A todo débito corresponde um crédito de igual valor e vice-versa. Se aumentar de um lado, deve, consequentemente, aumentar do outro lado também.

Como é mais comum uma transação conter somente duas entradas, sendo uma entrada de crédito em uma conta e uma entrada de débito em outra conta, daí a origem do nome "dobrado".

IRPJ corrente

O encargo com o IR deve ser reconhecido e contabilizado no próprio período da ocorrência do lucro a que se refere, embora seja pago em período seguinte ao de sua apuração e declarado oficialmente no exercício fiscal seguinte.

O art. 184 da Lei nº 6.404/1976, ao tratar do passivo, define que "obrigações, encargos e riscos, conhecidos ou calculáveis, inclusive imposto sobre a renda a pagar com base no resultado do exercício, serão computados pelo valor atualizado até a data do balanço".

A referida lei cuida desse mesmo assunto em outros artigos, como no art. 187, que trata da demonstração do resultado do exercício, ao mencionar que deve estar lançado como despesa o encargo do imposto de renda antes de chegar ao lucro líquido do exercício.

O IR a ser contabilizado é normalmente apurado com base num cálculo estimado, que pode ter pequenas diferenças em relação àquele que finalmente será declarado e pago no período seguinte. Tal diferença deve ser ajustada contra resultado do período seguinte e, em princípio, não deve ser lançada contra a conta de lucros acumulados, a não ser que o encargo tenha sido constituído por um valor substancialmente maior ou menor que o efetivamente devido, por um erro de interpretação ou de cálculo, erro esse que a empresa tinha condições de evitar à época, mas que acabou constatado e corrigido na preparação da declaração do imposto de renda, ou mesmo posteriormente. Nessa circunstância, tal ajuste representa retificação de erro imputável ao exercício anterior e que não pode ser atribuído a fatos subsequentes, representando um ajuste de exercícios anteriores a ser lançado na conta lucros acumulados, nos termos do § 1º do art. 186 da Lei nº 6.404/1976. Todavia, erros normais não constituem tais ajustes e, por isso, são sempre lançados no resultado do exercício em que foram constatados e registrados.

Contabilização do IRPJ corrente

Como regra geral, o IR a pagar deve ser apresentado destacadamente de outros passivos.

Ao final de cada período, por ocasião de seu encerramento, o imposto, na hipótese da opção pelo lucro real, deve ser calculado, considerando todas as adições e exclusões necessárias e permitidas pela legislação, e seu resultado contabilizado a débito de despesa e a crédito de imposto de renda a pagar.

Seguem abaixo alguns exemplos de despesas não dedutíveis, bem como de receitas não tributáveis para fins de IR.

Despesas indedutíveis:

1) despesa com contribuição social sobre o lucro líquido (CSLL);
2) parcela da soma das despesas com contribuições para entidades de previdência privada e com contribuições para o Fundo de Aposentadoria Programada (Fapi – Lei nº 9.477/1997), cujo ônus seja da PJ, que exceder ao limite de 20% do total dos salários dos empregados e da remuneração dos dirigentes da empresa, vinculados ao plano (art. 361, §§1º e 2º, e art. 771 do RIR/1999);
3) perdas apuradas em operações realizadas nos mercados de renda variável e de *swap* que excederem os ganhos auferidos em operações dessa mesma natureza;
4) doações;
5) resultado negativo da avaliação, pela equivalência patrimonial, de investimentos relevantes (participações societárias) em sociedades coligadas ou controladas (art. 389 do RIR/1999);
6) multas de qualquer natureza;
7) contrapartida da constituição ou do reforço de provisões;
8) prejuízo na alienação ou baixa de investimentos adquiridos mediante incentivo fiscal de dedução do imposto de renda (art. 429 do RIR/1999);
9) remuneração indireta de administradores, diretores, gerentes e seus assessores, quando não identificados e individualizados os beneficiários, bem como o IRRF incidente sobre essa remuneração (35%) (art. 358, § 3º, do RIR/1999);

10) despesas com alimentação de sócios, acionistas e administradores (exceto, quanto ao IRPJ), quando tais despesas forem enquadradas como remuneração indireta dessas pessoas, com a identificação dos beneficiários (art. 249, parágrafo único, V, do RIR/1999 e art. 63 da IN SRF nº 390/2004);

11) gratificações e participações no resultado ou nos lucros atribuídas a dirigentes ou administradores e participações nos lucros atribuídas a partes beneficiárias emitidas pela empresa (no caso de S/A) e a técnicos estrangeiros, domiciliados ou residentes no exterior, para a execução de serviços especializados, em caráter provisório (arts. 303 e 463 do RIR/1999);

12) parcela do custo de bens, serviços e direitos adquiridos no exterior, de pessoas físicas ou jurídicas vinculadas à empresa adquirente ou residentes ou domiciliadas em país que não tribute a renda ou que a tribute à alíquota máxima inferior a 20% (paraísos fiscais), que exceder o valor apurado de acordo com as regras de preços de transferência (arts. 241, 244 e 245 do RIR/1999);

13) parcela dos juros pagos às pessoas referidas anteriormente, decorrentes de contrato de mútuo não registrado no Banco Central (Bacen), que exceder o valor calculado com base na taxa Libor, para depósitos em US$ pelo prazo de seis meses, acrescida de 3% anuais, a título de *spread*, proporcionalizada em função do período a que se referirem os juros (arts. 243 e 245 do RIR/1999);

14) parcela da receita de exportações realizadas para pessoas vinculadas ou domiciliadas em país que não tribute a renda ou que a tribute à alíquota máxima inferior a 20% (paraísos fiscais), determinada segundo as regras de preços de transferência, que exceder o valor apropriado na escrituração da empresa no Brasil (arts. 240, § 7º, 244 e 245 do RIR/1999);

15) diferença de receita financeira de mútuo contratado com as pessoas referidas anteriormente, no caso de contrato não registrado no Bacen, correspondente à parcela do valor calculado com base na taxa Libor, para depósitos em US$ pelo prazo de seis meses, acrescida de 3% anuais, a título de *spread*, proporcionalizada em função do período a que se referirem os juros, que excederem o valor registrado na escrituração da empresa (arts. 243 e 245 do RIR/1999);

16) despesas com brindes;

17) juros remuneratórios do capital próprio que excederem os limites de dedutibilidade ou forem contabilizados sem observância das respectivas normas;

18) perdas decorrentes de créditos não liquidados que houverem sido computadas no resultado sem observância dos limites e das condições previstas na legislação;

19) prejuízo por desfalque, apropriação indébita ou furto, praticados por empregados ou terceiros, se não houver sido instaurado inquérito administrativo nos termos da legislação trabalhista ou apresentada queixa perante a autoridade policial (art. 364 do RIR/1999);

20) parcela do lucro decorrente de contratos com entidades governamentais que haja sido excluída do lucro real em período de apuração anterior, proporcional ao valor das receitas desses contratos recebidas no período-base (art. 409 RIR/1999);

21) parcela do ganho de capital auferido na alienação de bens do ativo permanente (venda a longo prazo), realizada em período de apuração anterior, cuja tributação tenha sido diferida para fins de determinação do lucro real, proporcional à parcela do preço da alienação recebida no período-base (art. 421 RIR/1999);

22) encargos financeiros sobre créditos vencidos e não recebidos, excluídos do lucro líquido na determinação do lucro

real de período de apuração anterior, que, para os fins legais, tenham se tornado disponíveis para a empresa credora ou cuja perda tenha sido reconhecida no período-base (art. 342, § 2º, do RIR/1999);

23) variações cambiais ativas (a partir de 2000) cujas operações tenham sido liquidadas no período-base (se a pessoa jurídica houver optado por considerar a variação cambial, para fins de incidência de tributos federais, quando da liquidação da correspondente operação) (arts. 30 e 31 da MP nº 2.158-35/2001);

24) variações cambiais passivas (se a pessoa jurídica houver optado por considerar a variação cambial, para fins de incidência de tributos federais, quando da liquidação da correspondente operação (arts. 30 e 31 da MP nº 2.158-35/2001);

25) resultados negativos com atos cooperativos (operações realizadas com associados) praticados pelas sociedades cooperativas que obedecerem ao disposto na legislação específica;

26) despesas consideradas não necessárias, usuais ou normais à atividade da empresa.

Receitas não tributáveis:

1) reversões de provisões constituídas em períodos anteriores;

2) dividendos ou juros sobre capital próprio recebidos de outras pessoas jurídicas (desde que apuradas conforme o chamado balanço fiscal e observadas as regras trazidas pela Lei nº 12.973/2014);

3) resultado positivo de equivalência patrimonial;

4) parcela do lucro decorrente de contratos com entidades governamentais que haja sido excluído do lucro real em período de apuração anterior, proporcional ao valor das receitas desses contratos computadas no resultado e não recebidas até a data de encerramento do período-base (art. 409 do RIR/1999);

5) perdas apuradas em operações realizadas nos mercados de renda variável e de *swap* que tenham sido adicionadas ao lucro líquido de período de apuração anterior, por terem excedido aos ganhos auferidos em operações da mesma natureza, até o limite da diferença positiva entre ganhos e perdas decorrentes de operações dessas mesmas espécies, computados no resultado do período-base (art. 250, parágrafo único, "e", do RIR/1999);

6) ganho de capital auferido na alienação de bens do ativo permanente (venda a longo prazo), cujo preço deva ser recebido, no todo ou em parte, após o término do ano-calendário subsequente ao da contratação, se houver opção pelo diferimento da tributação (art. 421 do RIR/1999);

7) encargos financeiros incidentes sobre créditos vencidos e não recebidos, auferidos após decorridos dois meses do vencimento do crédito, observadas as condições legais (*caput* do art. 342 do RIR/1999);

8) depreciação acelerada incentivada;

9) encargos financeiros incidentes sobre créditos vencidos e não pagos (incorridos a partir da data da citação inicial em ação de cobrança ajuizada pela empresa credora) que hajam sido adicionados ao lucro líquido de período de apuração anterior, caso o débito tenha sido liquidado no período-base, auferidos após decorridos dois meses do vencimento do crédito, observadas as condições legais (*caput* do art. 342 do RIR/1999);

10) variações cambiais ativas, se a entidade houver optado por considerar a variação cambial na apuração dos tributos federais, quando da liquidação correspondente (arts. 30 e 31 da MP nº 2.158-35/2001);

11) variações cambiais passivas cujas operações tenham sido liquidadas no período-base, se a pessoa jurídica houver optado por considerar a variação cambial, para fins de inci-

dência de tributos federais, quando da liquidação da correspondente operação (arts. 30 e 31 da MP nº 2.158-35/2001);
12) juros produzidos por NTN (art. 4º da Lei nº 10.179/2001) – Notas do Tesouro Nacional (isenção dos juros);
13) demais ajustes permitidos pela legislação.

Não obstante o valor apurado seja a base da contabilização, deve-se, também, considerar o IR incidente sobre as adições e exclusões de natureza temporária, cuja incidência fiscal fica diferida para períodos seguintes.

Veja o exemplo a seguir.

Cálculo IRPJ corrente		
Lucro líquido do exercício antes do imposto de renda		700.000,00
Adições:	Despesas não dedutíveis	
	Multas indedutíveis	350.000,00
	Gratificações de diretores	150.000,00
Exclusões:	Despesas dedutíveis	
	Resultado de equivalência patrimonial	(200.000,00)
Lucro real (base de cálculo do IR)		1.000.000,00
Valor do imposto de renda corrente (25%)		250.000,00

A contabilização seria:

Descrição lançamento	Débito	Crédito
Despesa com imposto de renda	250.000,00	–
Imposto de renda a pagar (passivo circulante)	–	250.000,00

Já no momento do recolhimento do valor de IR a pagar, a contabilização se daria da seguinte forma:

Descrição lançamento	Débito	Crédito
Disponibilidades (ativo circulante)	–	250.000,00
Imposto de renda antecipado (ativo circulante)	250.000,00	–

Descrição lançamento	Débito	Crédito
Imposto de renda antecipado (ativo circulante)	–	250.000,00
Imposto de renda a pagar (passivo circulante)	250.000,00	–

Objetivando controle e visualização, podemos adotar uma conta redutora de imposto de renda a pagar e contabilizar os recolhimentos por estimativa. Ao final do exercício, quando apurarmos o valor efetivo do IR, reverteremos ou complementaremos os registros anteriores efetuados em imposto de renda a pagar.

Os lançamentos contábeis para registro da despesa e seu recolhimento são estes:

1) *pelo recolhimento do valor estimado fiscalmente:*
    débito: imposto de renda recolhido (passivo circulante – conta redutora)
    crédito: disponibilidades (ativo circulante)
2) *quando ocorrer a apuração mensal do imposto devido:*
    débito: despesa com imposto de renda (resultado)
    crédito: imposto de renda a pagar (passivo circulante)
3) *no ajuste anual:*
    débito: imposto de renda a pagar (passivo circulante)
    crédito: imposto de renda recolhido (passivo circulante)

Caso o valor recolhido seja maior do que o imposto devido, o líquido deve ser classificado no ativo circulante até a data de sua compensação com imposto devido.

IRPJ DIFERIDO

Se na contabilidade já foram considerados certos custos ou despesas no mês, mas a dedutibilidade para fins do IR só ocorrerá em períodos posteriores, quando efetivamente pagos ou comprovados, há de se falar em imposto de renda pago ou a pagar, o qual deverá ser apropriado como despesas em períodos posteriores. Isto é, no período em que a despesa está contabilizada, apesar de ainda não dedutível, já se reconhece a redução correspondente na contabilização de despesa do IR, tendo como contrapartida uma conta de ativo denominada imposto de renda diferido (ativo circulante ou ativo não circulante – realizável a longo prazo, dependendo do prazo para realização do fato gerador). Assim, o passivo fica por seu valor correto, que é o imposto efetivo a pagar, e a despesa de IR fica por valor menor dentro do regime de competência.

O imposto de renda diferido decorre da diferença entre o patrimônio líquido calculado pela legislação societária e o patrimônio líquido apurado por meio da correção monetária integral (CMI), e indica quanto a provisão para IR está superestimada ou subestimada.

A Instrução CVM nº 191/1992, no art. 21, parágrafo único, determina:

> Deverão ser considerados nas demonstrações contábeis em moeda de capacidade aquisitiva constante, os efeitos dos encargos tributários nas diferenças intertemporais decorrentes de avaliações patrimoniais diferenciadas na forma de crédito por pagamento antecipado ou provisão para encargos tributários diferidos.

Contabilização do IRPJ diferido

O imposto de renda diferido poderá ser contabilizado no ativo ou no passivo. Será contabilizado no ativo se o valor do patrimônio líquido pela legislação societária for maior que o valor do patrimônio líquido obtido pela CMI, ou seja, se a variação for positiva. Caso contrário, será contabilizado como passivo.

Se o imposto de renda diferido for contabilizado como ativo, significa que o imposto provisionado pela legislação societária está superestimado e, portanto, o valor do imposto de renda diferido indicará a parcela maior que está sendo provisionada. Por outro lado, se o imposto de renda diferido é contabilizado como passivo, isso indica que o imposto provisionado pela legislação societária está subavaliado.

Alguns custos ou despesas devem ser adicionados ao lucro líquido para determinar o lucro real, uma vez que somente são dedutíveis no cálculo do IR quando atenderem às condições da legislação fiscal. Alguns exemplos são:

1) provisão para perdas sobre estoques, registrada na contabilidade quando estimadas as perdas, mas dedutível para fins fiscais somente quando realizada;
2) provisão para despesas com manutenção e reparos de equipamentos, registrada contabilmente quando conhecida, mas dedutível, para fins fiscais, quando efetivamente realizada;
3) provisão para garantia de produtos;
4) provisão para riscos e outros passivos contingentes;
5) provisões contabilizadas acima dos limites.

Veja o exemplo a seguir.

Cálculo do IRPJ diferido	
Despesas dedutíveis em exercícios futuros:	
Provisão para garantia de produtos	100.000,00
Provisão para manutenção e reparos	90.000,00
Provisão para contingências trabalhistas	40.000,00
Total – ajustes temporários	230.000,00
Valor do imposto de renda diferido (25%)	57.500,00

Descrição lançamento	Débito	Crédito
Imposto de renda diferido (ativo não circulante – realizável a longo prazo)	57.500,00	–
Despesa com imposto de renda	–	57.500,00

No período seguinte, se a totalidade das receitas se tornar dedutível, faz-se, então, sua reversão, conforme disposto no quadro:

Descrição lançamento	Débito	Crédito
Despesa com imposto de renda	57.500,00	–
Imposto de renda diferido (ativo não circulante – realizável a longo prazo)	–	57.500,00

Cabe ressaltar que o cálculo não abrange todas as despesas contabilizadas e adicionadas para fins de apuração do lucro real (tributável), mas tão somente os ajustes que seguramente serão dedutíveis no futuro, motivo pelo qual não consideramos no cálculo nenhum ajuste permanente.

Questões de automonitoramento

1) Após ler este capítulo, você é capaz de resumir os casos geradores do capítulo 7, identificando as partes envolvidas, os problemas atinentes e as soluções cabíveis?
2) Discorra acerca dos métodos de antecipação por estimativa e pelo balancete de suspensão e redução.
3) Diferencie prejuízo fiscal de saldo negativo.
4) O saldo de IRPJ diferido está sujeito ao instituto da prescrição?
5) Diferencie IRPJ corrente de IRPJ diferido.
6) Pense e descreva, mentalmente, alternativas para solução dos casos geradores do capítulo 7.

6 | Contabilidade tributária. IR – Efeitos contábeis introduzidos pela Lei nº 12.973/2014. Análise da dedutibilidade de despesas e impactos contábeis

Roteiro de estudo

Efeitos contábeis introduzidos pela Lei nº 12.973/2014

A Lei nº 12.973, de 14 de maio de 2014, conversão da Medida Provisória nº 627, de 12 de novembro de 2013, é uma lei puramente tributária, que regulamenta as leis nºs 11.638/2007 e 11.941/2009, e a mesma que instituiu entre suas disposições a revogação expressa do regime tributário de transição (RTT) e determinou ajustes na apuração dos tributos federais, tais como: IRPJ, CSLL, PIS e Cofins.

Com a revogação do RTT, a apuração do IRPJ e da CSLL com base no lucro real passou a ser efetuada a partir dos resultados contábeis, ou seja, os resultados societários apurados com base nas normas internacionais (IFRS).

O objetivo principal da Lei nº 12.973/2014 foi a adequação das legislações societária e tributária, suprindo a lacuna que ficou entre o resultado societário (com base no Livro Diário) e o resultado tributário (com base nas regras contábeis vigentes até 31 de dezembro de 2007).

Como regra geral a Lei nº 12.973/2014 altera a legislação tributária federal relativa ao Imposto sobre a Renda das Pessoas Jurídicas (IRPJ), à Contribuição Social sobre o Lucro Líquido (CSLL), à contribuição para o PIS/Pasep e à Contribuição para o Financiamento da Seguridade Social (Cofins), revoga o regime tributário de transição (RTT), instituído pela Lei nº 11.941, de 27 de maio de 2009, dispõe sobre a tributação da pessoa jurídica domiciliada no Brasil, com relação ao acréscimo patrimonial decorrente de participação em lucros auferidos no exterior por controladas e coligadas e de lucros auferidos por pessoa física residente no Brasil por intermédio de pessoa jurídica controlada no exterior.

Vigência da Lei nº 12.973/2014

A Lei nº 12.973/2014 entrou em vigor em 1º de janeiro de 2015, exceto quando exercida a opção pela adoção antecipada em 2014, conforme disposto nos arts. 75 e 96 do dispositivo em comento, os quais estabelecem que:

> Art. 75. A pessoa jurídica poderá optar pela aplicação das disposições contidas nos arts. 1º e 2º e 4º a 70 desta Lei para o ano-calendário de 2014.
>
> § 1º. A opção será irretratável e acarretará a observância de todas as alterações trazidas pelos arts. 1º e 2º e 4º a 70 e os efeitos dos incisos I a VI, VIII e X do *caput* do art. 117 a partir de 1º de janeiro de 2014.
>
> § 2º. A Secretaria da Receita Federal do Brasil definirá a forma, o prazo e as condições da opção de que trata o *caput*.
>
> Art. 96. A pessoa jurídica poderá optar pela aplicação das disposições contidas nos arts. 76 a 92 desta Lei para o ano-calendário de 2014.

§ 1º. A opção de que trata o *caput* será irretratável e acarretará a observância de todas as alterações trazidas pelos arts. 76 a 92 a partir de 1º de janeiro de 2014.

§ 2º. A Secretaria da Receita Federal do Brasil definirá a forma, o prazo e as condições para a opção de que trata o *caput*.

§ 3º. Fica afastado, a partir de 1º de janeiro de 2014, o disposto na alínea "b" do § 1º e nos §§ 2º e 4º do art. 1º da Lei nº 9.532, de 10 de dezembro de 1997, e no art. 74 da Medida Provisória nº 2.158-35, de 24 de agosto de 2001, para as pessoas jurídicas que exerceram a opção de que trata o *caput*.

Neutralidade tributária para eventos anteriores e posteriores à adoção da Lei nº 12.973/2014

A Lei nº 12.973/2014, em seus arts. 58 e 64, disciplinou a neutralidade tributária para os eventos anteriores e posteriores à sua adoção, os quais preveem:

Art. 58. A modificação ou a adoção de métodos e critérios contábeis, por meio de atos administrativos emitidos com base em competência atribuída em lei comercial, que sejam posteriores à publicação desta Lei, não terá implicação na apuração dos tributos federais até que lei tributária regule a matéria.

Parágrafo único. Para fins do disposto no *caput*, compete à Secretaria da Receita Federal do Brasil, no âmbito de suas atribuições, identificar os atos administrativos e dispor sobre os procedimentos para anular os efeitos desses atos sobre a apuração dos tributos federais.

Art. 64. Para as operações ocorridas até 31 de dezembro de 2013, para os optantes conforme o art. 75, ou até 31 de dezembro de 2014, para os não optantes, permanece a neutralidade tributária estabelecida nos arts. 15 e 16 da Lei 11.941, de 27 de maio de 2009, e a pessoa jurídica deverá proceder, nos períodos de apuração a partir de janeiro de 2014, para os optantes conforme o art. 75, ou a partir de janeiro de 2015, para os não optantes, aos respectivos ajustes nas bases de cálculo do IRPJ, da CSLL, da Contribuição para o PIS/Pasep e da Cofins, observado o disposto nos arts. 66 e 67.

Parágrafo único. As participações societárias de caráter permanente serão avaliadas de acordo com a Lei nº 6.404, de 15 de dezembro de 1976.

De acordo com os referidos artigos, para as operações ocorridas até 31 de dezembro de 2013 (optantes do art. 75), ou até 31 de dezembro de 2014 (não optantes do art. 75), permanece a neutralidade tributária da Lei nº 11.941/2009, e a pessoa jurídica deverá proceder, nos períodos de apuração a partir de janeiro de 2014 (optantes do art. 75), ou a partir de janeiro de 2015 (não optantes), aos respectivos ajustes nas bases de cálculo do IRPJ, da CSLL, do PIS e da Cofins, de acordo com o disposto nos arts. 66 e 67 (comparação dos métodos e critérios contábeis atuais com aqueles em vigor na legislação tributária em 31 de dezembro de 2007).

As participações societárias de caráter permanente (isto é, aquelas em que a pessoa jurídica não tem intenção de venda) serão avaliadas de acordo com a Lei nº 6.404, de 15 de dezembro de 1976.

Regra tributária de adoção da Lei nº 12.973/2014

A diferença positiva – verificada em 31 de dezembro de 2013 para os contribuintes optantes pelas regras dessa lei já em 2014, ou em 31 de dezembro de 2014 para os contribuintes não optantes – entre o valor de ativo mensurado de acordo com as disposições da Lei nº 6.404/1976 e o valor do mesmo ativo mensurado pelos métodos e critérios vigentes em 31 de dezembro de 2007 deverá ser adicionada na determinação do lucro real e da base de cálculo da CSLL, salvo se o contribuinte evidenciar contabilmente essa diferença em subconta vinculada ao ativo, para ser adicionada à medida de sua realização, inclusive mediante depreciação, amortização, exaustão, alienação ou baixa, conforme disposto no art. 66 da lei em análise, o qual estabelece:

> Art. 66. Para fins do disposto no art. 64, a diferença positiva, verificada em 31 de dezembro de 2013, para os optantes conforme o art. 75, ou em 31 de dezembro de 2014, para os não optantes, entre o valor de ativo mensurado de acordo com as disposições da Lei nº 6.404, de 15 de dezembro de 1976, e o valor mensurado pelos métodos e critérios vigentes em 31 de dezembro de 2007, deve ser adicionada na determinação do lucro real e da base de cálculo da CSLL em janeiro de 2014, para os optantes conforme o art. 75, ou em janeiro de 2015, para os não optantes, salvo se o contribuinte evidenciar contabilmente essa diferença em subconta vinculada ao ativo, para ser adicionada à medida de sua realização, inclusive mediante depreciação, amortização, exaustão, alienação ou baixa.
>
> Parágrafo único. O disposto no *caput* aplica-se à diferença negativa do valor de passivo e deve ser adicionada na determinação do lucro real e da base de cálculo da CSLL em janeiro de 2014, para os optantes conforme o art. 75, ou em janeiro de 2015, para os não optantes, salvo se o contribuinte evidenciar contabilmente essa diferença em subconta vinculada ao passivo para ser adicionada à medida da baixa ou liquidação.

Essa mesma disposição aplica-se à diferença negativa no valor do passivo e deve ser adicionada na determinação do lucro real e da base de cálculo da CSLL em janeiro de 2014, para os contribuintes optantes conforme art. 75, ou em janeiro de

2015, para os contribuintes não optantes, salvo se o contribuinte evidenciar contabilmente essa diferença em subconta vinculada ao passivo para ser excluída à medida da baixa ou liquidação, conforme disposto no art. 66 da referida lei.

Em resumo, é importante ressaltar que, nas duas hipóteses, o contribuinte poderá evidenciar contabilmente as diferenças encontradas em subconta vinculada (ao ativo, no primeiro caso, e ao passivo, no segundo caso), para ser excluída na medida de sua realização (primeiro caso) ou baixa ou liquidação (segundo caso).

Já a diferença negativa – verificada em 31 de dezembro de 2013, para os contribuintes optantes pelas regras desta lei já em 2014, ou em 31 de dezembro de 2014, para os contribuintes não optantes – entre o valor de ativo mensurado de acordo com as disposições da Lei nº 6.404/1976, e o valor do mesmo ativo mensurado pelos métodos e critérios vigentes em 31 de dezembro de 2007 não poderá ser excluída na determinação do lucro real e da base de cálculo da CSLL, salvo se o contribuinte evidenciar contabilmente essa diferença em subconta vinculada ao ativo, para ser excluída à medida de sua realização, inclusive mediante depreciação, amortização, exaustão, alienação ou baixa, conforme disposto no art. 67 da referida lei:

> Art. 67. Para fins do disposto no art. 64, a diferença negativa, verificada em 31 de dezembro de 2013, para os optantes conforme o art. 75, ou em 31 de dezembro de 2014, para os não optantes, entre o valor de ativo mensurado de acordo com as disposições da Lei nº 6.404, de 15 de dezembro de 1976, e o valor mensurado pelos métodos e critérios vigentes em 31 de dezembro de 2007 não poderá ser excluída na determinação do lucro real e da base de cálculo da CSLL, salvo se o contribuinte evidenciar contabilmente essa diferença em subconta vinculada ao ativo para ser excluída à medida de sua realização, inclusive mediante depreciação, amortização, exaustão, alienação ou baixa.

Parágrafo único. O disposto no *caput* aplica-se à diferença positiva no valor do passivo e não pode ser excluída na determinação do lucro real e da base de cálculo da CSLL, salvo se o contribuinte evidenciar contabilmente essa diferença em subconta vinculada ao passivo para ser excluída à medida da baixa ou liquidação.

Essa mesma disposição aplica-se à diferença positiva no valor do passivo e não pode ser excluída na determinação do lucro real e da base de cálculo da CSLL, salvo se o contribuinte evidenciar contabilmente essa diferença em subconta vinculada ao passivo, para ser excluída à medida da baixa ou liquidação.

Em resumo, é importante ressaltar que, nas duas hipóteses, o contribuinte poderá evidenciar contabilmente as diferenças encontradas em subconta vinculada (ao ativo, no primeiro caso, e ao passivo, no segundo caso), para ser excluída na medida de sua realização (primeiro caso) ou baixa ou liquidação (segundo caso).

Tais regras serão disciplinadas pela Receita Federal do Brasil, que poderá instituir controles fiscais alternativos à evidenciação contábil de que tratam os arts. 66 e 67 e criar controles fiscais adicionais, conforme disposto no art. 68 da referida lei:

Art. 68. O disposto nos arts. 64 a 67 será disciplinado pela Secretaria da Receita Federal do Brasil, que poderá instituir controles fiscais alternativos à evidenciação contábil de que tratam os arts. 66 e 67 e instituir controles fiscais adicionais.

Lucros ou dividendos

Os lucros ou dividendos calculados com base nos resultados apurados entre 1º de janeiro de 2008 e 31 de dezembro de 2013, pelas pessoas jurídicas tributadas com base no lucro real, presumido ou arbitrado, em valores superiores aos apurados com observância dos métodos e critérios contábeis vigentes em 31 de dezembro de 2007, não ficarão sujeitos à incidência do imposto de renda na fonte, nem integrarão a base de cálculo do imposto de renda e da contribuição social sobre o lucro líquido do beneficiário, pessoa física ou jurídica, residente ou domiciliado no país ou no exterior, conforme disposto no art. 72 da Lei nº 12.973/2014:

> Art. 72. Os lucros ou dividendos calculados com base nos resultados apurados entre 1º de janeiro de 2008 e 31 de dezembro de 2013 pelas pessoas jurídicas tributadas com base no lucro real, presumido ou arbitrado, em valores superiores aos apurados com observância dos métodos e critérios contábeis vigentes em 31 de dezembro de 2007, não ficarão sujeitos à incidência do imposto de renda na fonte, nem integrarão a base de cálculo do imposto de renda e da Contribuição Social sobre o Lucro Líquido do beneficiário, pessoa física ou jurídica, residente ou domiciliado no País ou no exterior.

Cabe ressaltar que o referido artigo estabeleceu que os dividendos relativos aos lucros auferidos ao longo dos anos-calendário de 2008 até 2013, e o cálculo dos limites de dedutibilidade e pagamento dos juros sobre o capital próprio (JCP), para os anos-calendário de 2008 até 2014, deverão seguir as normas contábeis previstas na Lei nº 6.404/1976:

1) Em relação aos contratos de concessão de serviços públicos, foi estabelecido que o lucro decorrente da receita reconhecida pela construção, recuperação, reforma, ampliação ou melhoramento da infraestrutura, cuja contrapartida seja ativo financeiro representativo de direito contratual incondicional de receber caixa ou outro ativo financeiro, poderá ser tributado à medida do efetivo recebimento.

2) Serão consideradas na determinação do lucro real as despesas financeiras relacionadas às contraprestações pagas ou creditadas por força de contrato de arrendamento mercantil, referentes a bens móveis ou imóveis intrinsecamente relacionados com a produção ou comercialização de bens e serviços.

3) Entre outras alterações no que se refere aos lucros auferidos no exterior, ficou esclarecido que a variação do valor do investimento estrangeiro equivalente ao lucro ou prejuízo auferido no período será convertida em reais, para efeito da apuração da base de cálculo do imposto de renda e da CSLL, com base na taxa de câmbio da moeda do país de origem fixada para venda, pelo Banco Central do Brasil, correspondente à data do levantamento de balanço da controlada direta ou indireta. Caso a moeda do país de origem do tributo não tenha cotação no Brasil, seu valor será convertido em dólares e, em seguida, em reais.

4) Foi determinada a isenção de imposto de renda, inclusive ganhos de capital, pagos, creditados, entregues ou remetidos a beneficiário residente ou domiciliado no exterior, exceto em país com tributação favorecida, produzidos por fundos de investimentos cujos cotistas sejam exclusivamente investidores estrangeiros. Para tanto, o regulamento do fundo deve dispor que a aplicação de seus recursos é realizada exclusivamente em depósito à vista ou em ativos sujeitos à isenção do imposto sobre a renda ou tributados à alíquota zero, nas hipóteses em que o beneficiário do rendimento produzido por esse ativo seja residente ou domiciliado no exterior, exceto em país com tributação favorecida.

Vale ressaltar que as principais alterações da Lei nº 12.973/2014 entraram em vigor a partir de 1º de janeiro de 2015, tendo sido mantida a possibilidade de opção irretratável por sua aplicação já em 2014, a qual ainda aguarda regulamentação das autoridades fazendárias.

Tais disposições, pelo menos para o período mencionado (2008 a 2013), resolveram o problema criado pela RFB ao expressar o entendimento, por meio da IN RFB nº 1.397/2013, de que o lucro que poderia ser distribuído é o fiscal e não o contábil.

Juros sobre o capital próprio

O cálculo dos juros sobre o capital próprio, efetuado durante o período de 2008 a 2013, poderá utilizar as contas do patrimônio líquido, apresentadas pela contabilidade societária, ou seja, de acordo com a Lei nº 6.404/1976. Contudo, no cálculo da parcela a deduzir não serão considerados os valores relativos a ajustes de avaliação patrimonial a que se refere o § 3º do art. 182 da Lei nº 6.404/1976. O mencionado dispositivo determina:

> Serão classificadas como ajustes de avaliação patrimonial (AAP), enquanto não computadas no resultado do exercício, em obediência ao regime de competência, as contrapartidas de aumentos ou diminuições de valor atribuído a elementos do ativo e do passivo, em decorrência da sua avaliação a valor justo.

No que diz respeito ao cálculo dos juros sobre o capital próprio no ano de 2014, também poderão ser utilizadas as contas do patrimônio líquido apresentadas pela contabilidade societária, desde que não seja feita a opção de adotar a Lei nº 12.973 no ano de 2014, conforme disposto no art. 73:

> Art. 73. Para os anos-calendário de 2008 a 2014, para fins do cálculo do limite previsto no art. 9º da Lei nº 9.249, de 26 de dezembro de 1995, a pessoa jurídica poderá utilizar as contas do patrimônio líquido mensurado de acordo com as disposições da Lei nº 6.404, de 15 de dezembro de 1976.
> § 1º. No cálculo da parcela a deduzir prevista no *caput*, não serão considerados os valores relativos a ajustes de avaliação

patrimonial a que se refere o § 3º do art. 182 da Lei nº 6.404, de 15 de dezembro de 1976.

§ 2º. No ano-calendário de 2014, a opção ficará restrita aos não optantes das disposições contidas nos arts. 1º e 2º e 4º a 70 desta Lei.

Lei nº 9.249, de 26 de dezembro de 1995:

Art. 9º. A pessoa jurídica poderá deduzir, para efeitos da apuração do lucro real, os juros pagos ou creditados individualizadamente a titular, sócios ou acionistas, a título de remuneração do capital próprio, calculados sobre as contas do patrimônio líquido e limitados à variação, pro rata dia, da Taxa de Juros de Longo Prazo – TJLP.

§ 1º. O efetivo pagamento ou crédito dos juros fica condicionado à existência de lucros, computados antes da dedução dos juros, ou de lucros acumulados e reservas de lucros, em montante igual ou superior ao valor de duas vezes os juros a serem pagos ou creditados. (Redação dada pela Lei nº 9.430, de 1996).

§ 2º. Os juros ficarão sujeitos à incidência do imposto de renda na fonte à alíquota de quinze por cento, na data do pagamento ou crédito ao beneficiário.

§ 3º. O imposto retido na fonte será considerado:

I - antecipação do devido na declaração de rendimentos, no caso de beneficiário pessoa jurídica tributada com base no lucro real;

II - tributação definitiva, no caso de beneficiário pessoa física ou pessoa jurídica não tributada com base no lucro real, inclusive isenta, ressalvado o disposto no § 4º;

§ 4º. (Revogado pela Lei nº 9.430, de 1996).

§ 5º. No caso de beneficiário sociedade civil de prestação de serviços, submetida ao regime de tributação de que trata o art. 1º do Decreto-lei nº 2.397, de 21 de dezembro de 1987, o imposto poderá ser compensado com o retido por ocasião do pagamento dos rendimentos aos sócios beneficiários.

§ 6º. No caso de beneficiário pessoa jurídica tributada com base no lucro real, o imposto de que trata o § 2º poderá ainda ser compensado com o retido por ocasião do pagamento ou crédito de juros, a título de remuneração de capital próprio, a seu titular, sócios ou acionistas.

§ 7º. O valor dos juros pagos ou creditados pela pessoa jurídica, a título de remuneração do capital próprio, poderá ser imputado ao valor dos dividendos de que trata o art. 202 da Lei nº 6.404, de 15 de dezembro de 1976, sem prejuízo do disposto no § 2º.

§ 8º. Para fins de cálculo da remuneração prevista neste artigo, serão consideradas exclusivamente as seguintes contas do patrimônio líquido: (Redação dada pela Lei nº 12.973, de 2014)

I - capital social;

II - reservas de capital;

III - reservas de lucros;

IV - ações em tesouraria; e

V - prejuízos acumulados.

§ 9º. (Revogado pela Lei nº 9.430, de 1996).

§ 10. (Revogado pela Lei nº 9.430, de 1996).

§ 11. O disposto neste artigo aplica-se à Contribuição Social sobre o Lucro Líquido. (Incluído pela Lei nº 12.973, de 2014).

§ 12. Para fins de cálculo da remuneração prevista neste artigo, a conta capital social, prevista no inciso I do § 8º deste artigo, inclui todas as espécies de ações previstas no art. 15 da Lei nº 6.404, de 15 de dezembro de 1976, ainda que classificadas em contas de passivo na escrituração comercial. (Incluído pela Lei nº 12.973, de 2014).

Com essa determinação, a lei concede uma espécie de anistia para aqueles contribuintes que, no período de 2008 a 2014, tenham calculado (ou vierem a calcular em 2014) os juros sobre o capital próprio com base no patrimônio líquido contábil, já que a Receita Federal, por meio da IN RFB nº 1.397/2013, havia entendido que o cálculo teria de ser efetuado com base no patrimônio líquido fiscal.

Releva notar que, embora essa lei tenha instituído tal perdão, o entendimento da RFB continua a ser aquele manifestado na IN RFB nº 1.397/2013.

Investimentos avaliados com base na equivalência patrimonial

A avaliação dos investimentos pela equivalência patrimonial, nos períodos contábeis entre 2008 e 2013, poderá ser efetuada com base na Lei nº 6.404/1976, ou seja, com base nas normas de contabilidade alteradas pelas leis nºs 11.638/2007 e 11.941/2009.

A avaliação dos investimentos pela equivalência patrimonial em 2014 também poderá ser efetuada com base na Lei nº 6.404/1976, desde que não seja feita a opção de adotar a Lei nº 12.973 em 2014, conforme disposto no art. 74 da referida lei:

> Art. 74. Para os anos-calendário de 2008 a 2014, o contribuinte poderá avaliar o investimento pelo valor de patrimônio líquido da coligada ou controlada, determinado de acordo com as disposições da Lei nº 6.404, de 15 de dezembro de 1976.
> Parágrafo único. No ano-calendário de 2014, a opção ficará restrita aos não optantes das disposições contidas nos arts. 1º e 2º e 4º a 70 desta Lei.

Decreto-Lei nº 1.598/1977:

> Art. 20. O contribuinte que avaliar investimento pelo valor de patrimônio líquido deverá, por ocasião da aquisição da participação, desdobrar o custo de aquisição em:

I - valor de patrimônio líquido na época da aquisição, determinado de acordo com o disposto no artigo 21; e
II - mais ou menos-valia, que corresponde à diferença entre o valor justo dos ativos líquidos da investida, na proporção da porcentagem da participação adquirida, e o valor de que trata o inciso I do *caput*; e [Lei nº 12.973, de 2014, art. 2º]
III - ágio por rentabilidade futura (*goodwill*), que corresponde à diferença entre o custo de aquisição do investimento e o somatório dos valores de que tratam os incisos I e II do *caput*. [Lei nº 12.973, de 2014, art. 2º.]
§ 1º. Os valores de que tratam os incisos I a III do *caput* serão registrados em subcontas distintas. [Lei nº 12.973, de 2014, art. 2º.]
§ 2º. (Revogado pela Lei nº 12.973, de 2014).
§ 3º. O valor de que trata o inciso II do *caput* deverá ser baseado em laudo elaborado por perito independente que deverá ser protocolado na Secretaria da Receita Federal do Brasil ou cujo sumário deverá ser registrado em Cartório de Registro de Títulos e Documentos, até o último dia útil do 13º (décimo terceiro) mês subsequente ao da aquisição da participação. [Lei nº 12.973, de 2014, art. 2º.]
§ 4º. (Revogado pelo Decreto-lei nº 1.648, de 1978).
§ 5º. A aquisição de participação societária sujeita à avaliação pelo valor do patrimônio líquido exige o reconhecimento e a mensuração: [Lei nº 12.973, de 2014, art. 2º]
I - primeiramente, dos ativos identificáveis adquiridos e dos passivos assumidos a valor justo; e [Lei nº 12.973, de 2014, art. 2º]
II - posteriormente, do ágio por rentabilidade futura (*goodwill*) ou do ganho proveniente de compra vantajosa.
§ 6º. O ganho proveniente de compra vantajosa de que trata o § 5º, que corresponde ao excesso do valor justo dos ativos líquidos da investida, na proporção da participação adquirida, em relação ao custo de aquisição do investimento, será computado na determinação do lucro real no período de apuração

da alienação ou baixa do investimento. [Lei nº 12.973, de 2014, art. 2º.]

§ 7º. A Secretaria da Receita Federal do Brasil disciplinará o disposto neste artigo, podendo estabelecer formas alternativas de registro e de apresentação do laudo previsto no § 3º. (NR) [Lei nº 12.973, de 2014, art. 2º.]

Livro de apuração do lucro real eletrônico (e-Lalur) e livro de apuração da CSLL eletrônico (e-Lacs)

O livro de apuração do lucro real eletrônico (e-Lalur) e o livro de apuração da CSLL eletrônico (e-Lacs), assim como o cálculo da CSLL e do IRPJ serão demonstrados em relatórios constantes dos blocos da escrituração contábil fiscal (ECF) e serão transmitidos ao sistema público de escrituração digital (Sped), conforme determina o art. 2º da Lei nº 12.973/2014, que alterou o art. 7º do Decreto-Lei nº 1.598/1977.

Conceito de receita bruta

A lei alterou a redação do art. 12 do Decreto-Lei nº 1598/1977, que estabelece o conceito de receita bruta. Este novo conceito ficou assim:

> Art. 12. A receita bruta compreende:
> I - o produto da venda de bens nas operações de conta própria;
> II - o preço da prestação de serviços em geral;
> III - o resultado auferido nas operações de conta alheia; e
> IV - as receitas da atividade ou objeto principal da pessoa jurídica não compreendidas nos incisos I a III.

A grande novidade da nova definição da receita bruta está no item 4 acima, quando diz que a receita bruta compreende as "receitas da atividade ou objeto principal da pessoa jurídica, que não estiverem compreendidas nos incisos I a III".

Essa definição introduzida pela lei procura dotar o dispositivo de um alcance mais amplo em relação à receita bruta. Fala-se que um dos objetivos dessa alteração foi atingir as instituições financeiras, porque elas têm determinados tipos de receitas que não se encaixam como produto de venda de bens, nem como prestação de serviços e, muito menos, como resultado de conta alheia.

Como exemplo das situações acima, em relação às instituições financeiras, temos a venda de talões de cheques ou a cobrança pela emissão de extratos.

Enfim, há determinados tipos de atividade e outras receitas que acabam não encontrando um enquadramento preciso nos três itens anteriores. Então, o legislador preferiu incluir essa inovação, que são as receitas da atividade ou objeto principal da pessoa jurídica, quando não estiverem compreendidas nas três hipóteses anteriores. A receita da locação de bens imóveis e móveis, sem nenhuma prestação de serviços, é também uma das situações englobadas.

O § 1º dessa nova redação do art. 12 diz que a receita líquida será a receita bruta (tal como discriminada nos quatro itens anteriores), mas diminuída das devoluções e das vendas canceladas, dos descontos concedidos incondicionalmente e dos tributos sobre elas incidentes e também dos valores decorrentes do ajuste ao valor presente de que trata o art. 183 da Lei nº 6.404/1976.

Outra novidade está no inciso IV do art. 12, em que a lei reconhece o AVP (ajuste ao valor presente) e o manda incluir na receita, consagrando, assim, o princípio da "neutralidade tributária", princípio esse que será repetido inúmeras vezes ao longo de todo o texto dessa lei.

O § 4º do art. 12 define que nessa receita bruta não se incluem os tributos não cumulativos cobrados destacadamente do comprador, como é o caso, por exemplo, do IPI.

O § 5º, no final na nova redação, determina que na receita bruta devem ser incluídos os tributos sobre ela incidentes (ICMS, por exemplo) e os valores decorrentes de ajuste ao valor presente, de acordo com essa nova definição (outra vez, aqui, em relação ao AVP, dá-se a aplicação do princípio da "neutralidade tributária").

Um aspecto importante que deve ser ressaltado é a padronização na utilização desse novo conceito de receita bruta a partir da vigência da lei (em 2015 ou, por opção, em 2014), uma vez que o mesmo foi estendido às demais legislações que utilizam a receita bruta como base de cálculo, como o lucro presumido, a estimativa mensal e o PIS e a Cofins.

Decreto-Lei nº 1.598/1977:

> Art. 12. A receita bruta compreende:
>
> I - o produto da venda de bens nas operações de conta própria;
>
> II - o preço da prestação de serviços em geral;
>
> III - o resultado auferido nas operações de conta alheia; e
>
> IV - as receitas da atividade ou objeto principal da pessoa jurídica, não compreendidas nos incisos I a III.
>
> § 1º. A receita líquida será a receita bruta diminuída de:
>
> I - devoluções e vendas canceladas;
>
> II - descontos concedidos incondicionalmente;
>
> III - tributos sobre ela incidentes; e
>
> IV - valores decorrentes do ajuste a valor presente, de que trata o inciso VIII do *caput* do art. 183 da Lei nº 6.404, de 1976, das operações vinculadas à receita bruta.
>
> § 2º. O fato de a escrituração indicar saldo credor de caixa ou a manutenção, no passivo, de obrigações já pagas, autoriza

presunção de omissão no registro de receita, ressalvada ao contribuinte a prova da improcedência da presunção.

§ 3º. Provada, por indícios na escrituração do contribuinte ou qualquer outro elemento de prova, a omissão de receita, a autoridade tributária poderá arbitrá-la com base no valor dos recursos de caixa fornecidos à empresa por administradores, sócios da sociedade não anônima, titular da empresa individual, ou pelo acionista controlador da companhia, se a efetividade da entrega e a origem dos recursos não forem comprovadamente demonstradas. (Redação dada pelo Decreto-lei 1.648, de 1978).

§ 4º. Na receita bruta, não se incluem os tributos não cumulativos cobrados, destacadamente, do comprador ou contratante, pelo vendedor dos bens ou pelo prestador dos serviços na condição de mero depositário.

§ 5º. Na receita bruta, incluem-se os tributos sobre ela incidentes e os valores decorrentes do ajuste a valor presente, de que trata o inciso VIII do *caput* do art. 183 da Lei nº 6.404, de 1976, das operações previstas no *caput*, observado o disposto no § 4º. (NR).

Contribuição Social sobre o Lucro Líquido

O art. 50 da Lei nº 12.793/2014 elenca os artigos que também são aplicáveis à CSLL:

> Art. 50. Aplicam-se à apuração da base de cálculo da CSLL as disposições contidas nos arts. 2º a 8º, 10 a 42 e 44 a 49.
> § 1º. Aplicam-se à CSLL as disposições contidas no art. 8º do Decreto-Lei 1.598, de 26 de dezembro de 1977, devendo ser informados no livro de apuração do lucro real:

I - os lançamentos de ajustes do lucro líquido do período, relativos a adições, exclusões ou compensações prescritas ou autorizadas pela legislação tributária;

II - a demonstração da base de cálculo e o valor da CSLL devida com a discriminação das deduções, quando aplicáveis; e

III - os registros de controle de base de cálculo negativa da CSLL a compensar em períodos subsequentes, e demais valores que devam influenciar a determinação da base de cálculo da CSLL de período futuro e não constem de escrituração comercial.

§ 2º. Aplicam-se à CSLL as disposições contidas no inciso II do *caput* do art. 8º-A do Decreto-Lei 1.598, de 26 de dezembro de 1977, exceto nos casos de registros idênticos para fins de ajuste nas bases de cálculo do IRPJ e da CSLL que deverão ser considerados uma única vez.

Note-se que também se aplicam à CSLL as normas contidas no art. 8º do Decreto-Lei nº 1.598/1977, que instituiu o e-Lalur.

Subvenções para investimento e doações do poder público

O art. 30 da Lei nº 12.793/2014 trata especificamente das subvenções para investimentos recebidas pelo contribuinte, inclusive mediante isenção ou redução de impostos, que foram concedidas como estímulo à implantação e expansão de empreendimentos econômicos e, também, das doações que foram feitas pelo poder público.

No sistema anterior, os valores eram creditados diretamente em uma conta de reservas, sem nenhum trânsito pelas contas de resultado. Porém, com a nova lei contábil, isso mudou.

Segundo este art. 30, essas subvenções, embora pela nova lei contábil devam transitar pelo resultado, não serão computadas na determinação do lucro real, desde que sejam registradas numa conta de reserva de lucros. Essa conta de reserva de lucros só poderá ser utilizada para duas destinações:

1) absorção de prejuízos anteriores;
2) aumento do capital.

Uma regra importante está no § 3º desse art. 30, ao determinar que, se no período de apuração a pessoa jurídica acumular prejuízo contábil ou lucro líquido contábil inferior à parcela das doações e subversões governamentais, e, nesse caso, não puder ser constituída a referida reserva, então essa constituição deverá ocorrer à medida que forem apurados os lucros subsequentes, conforme disposto abaixo:

Art. 30. As subvenções para investimento, inclusive mediante isenção ou redução de impostos, concedidas como estímulo à implantação ou expansão de empreendimentos econômicos e as doações feitas pelo poder público não serão computadas na determinação do lucro real, desde que seja registrada em reserva de lucros a que se refere o art. 195-A da Lei nº 6.404, de 15 de dezembro de 1976, que somente poderá ser utilizada para:

I - absorção de prejuízos, desde que anteriormente já tenham sido totalmente absorvidas as demais Reservas de Lucros, com exceção da Reserva Legal; ou

II - aumento do capital social.

§ 1º. Na hipótese do inciso I do *caput*, a pessoa jurídica deverá recompor a reserva à medida que forem apurados lucros nos períodos subsequentes.

§ 2º. As doações e subvenções de que trata o *caput* serão tributadas caso não seja observado o disposto no § 1º, ou seja, dada destinação diversa da que está prevista no *caput*, inclusive nas hipóteses de:

I - capitalização do valor e posterior restituição de capital aos sócios ou ao titular, mediante redução do capital social, hipótese em que a base para a incidência será o valor restituído, limitado ao valor total das exclusões decorrentes de doações ou subvenções governamentais para investimentos;

II - restituição de capital aos sócios ou ao titular, mediante redução do capital social, nos 5 (cinco) anos anteriores à data da doação ou da subvenção, com posterior capitalização do valor da doação ou da subvenção, hipótese em que a base para a incidência será o valor restituído, limitada ao valor total das exclusões decorrentes de doações ou de subvenções governamentais para investimentos; ou

III - integração à base de cálculo dos dividendos obrigatórios.

§ 3º. Se, no período de apuração, a pessoa jurídica apurar prejuízo contábil ou lucro líquido contábil inferior à parcela decorrente de doações e de subvenções governamentais e, nesse caso, não puder ser constituída como parcela de lucros nos termos do *caput*, esta deverá ocorrer à medida que forem apurados lucros nos períodos subsequentes.

Já com relação às debêntures, normalmente, os títulos são oferecidos ao mercado por um valor de face, isto é, pelo seu valor nominal. Ocorre, porém, que, em alguns casos, há uma demanda maior do que a oferta, e os adquirentes estão dispostos a pagar um pouco mais pelos títulos – uma espécie de prêmio. Assim, a emitente acaba recebendo mais do que o valor pelo qual as oferecia ao mercado. Esse valor a maior representa o "prêmio na emissão de debêntures".

No entanto, segundo a nova lei contábil, o prêmio será contabilizado como receita da empresa emissora e deverá, obrigatoriamente, transitar pelo resultado. No sistema anterior, os valores eram creditados diretamente em uma conta de reserva, sem nenhum trânsito pelo resultado.

O problema é que, ao transitar pelo resultado, gera um lucro maior para a empresa e haveria tributação. Esse art. 31

cuida exatamente disso e busca evitar que haja uma tributação sobre tal receita. Assim, o dispositivo declara, expressamente, que a receita obtida na emissão de debêntures não integra a apuração do lucro real.

A reserva não poderá ser distribuída aos sócios, devendo ser utilizada, tão somente, para o aumento de capital ou a compensação de prejuízos anteriores.

É bom lembrar que existe uma regra análoga a essa no art. 30, em relação à reserva de subvenções ou doações, como visto.

Se, no período de apuração da receita de prêmio a emissão de debêntures, a pessoa jurídica apurar um prejuízo contábil ou um lucro líquido contábil inferior à parcela decorrente da emissão de debêntures, então a empresa deve formar a reserva à medida que forem apurados os lucros ou prejuízos subsequentes, conforme disposto abaixo:

> Art. 31. O prêmio na emissão de debêntures não será computado na determinação do lucro real, desde que:
> I - a titularidade da debênture não seja de sócio ou titular da pessoa jurídica emitente; e
> II - seja registrado em reserva de lucros específica, que somente poderá ser utilizada para:
> a) absorção de prejuízos, desde que anteriormente já tenham sido totalmente absorvidas as demais Reservas de Lucros, com exceção da Reserva Legal; ou
> b) aumento do capital social.
> § 1º. Na hipótese da alínea "a" do inciso II do *caput*, a pessoa jurídica deverá recompor a reserva à medida que forem apurados lucros nos períodos subsequentes.
> § 2º. O prêmio na emissão de debêntures de que trata o *caput* será tributado caso não seja observado o disposto no § 1º, ou seja, dada destinação diversa da que está prevista no *caput*, inclusive nas hipóteses de:

I - capitalização do valor e posterior restituição de capital aos sócios ou ao titular, mediante redução do capital social, hipótese em que a base para a incidência será o valor restituído, limitado ao valor total das exclusões decorrentes do prêmio na emissão de debêntures;

II - restituição de capital aos sócios ou ao titular, mediante redução do capital social, nos 5 (cinco) anos anteriores à data da emissão das debêntures, com posterior capitalização do valor do prêmio na emissão de debêntures, hipótese em que a base para a incidência será o valor restituído, limitada ao valor total das exclusões decorrentes de prêmio na emissão de debêntures; ou

III - integração à base de cálculo dos dividendos obrigatórios.

§ 3º. Se, no período de apuração, a pessoa jurídica apurar prejuízo contábil ou lucro líquido contábil inferior à parcela decorrente de prêmio na emissão de debêntures e, nesse caso, não puder ser constituída como parcela de lucros nos termos do *caput*, esta deverá ocorrer à medida que forem apurados lucros nos períodos subsequentes.

§ 4º. A reserva de lucros específica a que se refere o inciso II do *caput*, para fins do limite de que trata o art. 199 da Lei nº 6.404, de 15 de dezembro de 1976, terá o mesmo tratamento dado à reserva de lucros prevista no art. 195-A da referida Lei.

§ 5º. Para fins do disposto no inciso I do *caput*, serão considerados os sócios com participação igual ou superior a 10% (dez por cento) do capital social da pessoa jurídica emitente.

Teste de recuperabilidade dos ativos

O procedimento prático que permite constatar se a empresa está perdendo em relação ao valor recuperável dos ativos é denominado "teste de recuperabilidade". Basicamente, essa possível perda se dá, por exemplo, nas seguintes circunstâncias: a empresa tem um bem no ativo imobilizado (uma máquina)

registrado por um determinado valor e o resultado do teste de recuperabilidade permite constatar que a empresa, no futuro, não terá condições de recuperar aquele valor. O teste se utiliza de dois conceitos:

1) valor justo (em princípio, o de mercado);
2) valor em uso (o que a utilização do bem poderá, no futuro, gerar de receita).

Entre os dois valores apurados (valor justo e valor em uso), o maior deles será comparado com o custo contábil, e a diferença representará a perda. Se um dos dois (ou os dois) valores for maior do que o custo contábil, então não haverá perda a ser reconhecida.

Eis um exemplo prático: se a empresa tiver uma máquina contabilizada por R$ 100.000,00, mas o teste de recuperabilidade provar que, no futuro, a empresa não conseguirá recuperar esse valor (avaliação a valor justo ou a valor em uso, aquele que for maior), ocorrerá uma perda na recuperabilidade (diferença entre os R$ 100.000,00 e o valor justo ou o valor em uso, o que for maior). Essa perda deverá ser registrada obrigatoriamente na contabilidade, o que reduzirá o resultado contábil da pessoa jurídica.

Como essa perda está prevista somente na lei contábil, mas não está prevista na lei tributária, a empresa, obrigatoriamente, terá de adicionar o valor da perda ao lucro líquido, para efeito da apuração do lucro real, conforme determina o art. 32 da lei em estudo:

> Art. 32. O contribuinte poderá reconhecer na apuração do lucro real somente os valores contabilizados como redução ao valor recuperável de ativos que não tenham sido objeto de reversão, quando ocorrer a alienação ou baixa do bem correspondente.

Parágrafo único. No caso de alienação ou baixa de um ativo que compõe uma unidade geradora de caixa, o valor a ser reconhecido na apuração do lucro real deve ser proporcional à relação entre o valor contábil desse ativo e o total da unidade geradora de caixa à data em que foi realizado o teste de recuperabilidade.

Ressalte-se que a perda poderá ocorrer em relação a qualquer outro ativo, como estoques, instrumentos financeiros etc.

Deve-se ressaltar que, nesse artigo, existe um parágrafo que define que, no caso de alienação ou baixa de um ativo que compõe uma unidade geradora de caixa, isto é, um ativo que faz parte de um conjunto de bens, o valor a ser reconhecido na apuração do lucro real deve ser proporcional à relação entre o valor contábil e o total da unidade geradora de caixa.

Depreciação (prazo de vida útil)

A Lei nº 4.506/1964 admite que a empresa registre na sua contabilidade as despesas de depreciação de seus bens do ativo imobilizado.

Essa mesma lei, no art. 57, § 1º, prevê que a cota de depreciação dedutível na apuração do imposto será determinada mediante aplicação da taxa anual de depreciação sobre o custo de aquisição do ativo.

Portanto, há uma taxa anual de depreciação com a qual se calcula essa cota, e o valor será admitido como dedutível no resultado da empresa. Porém o § 15, que foi inserido nesse artigo, determina o seguinte: "Caso a quota de depreciação registrada na contabilidade do contribuinte seja menor do que aquela calculada no § 3º [taxas fixadas pela Receita Federal], a diferença entre um sistema e outro poderá ser excluída do lucro líquido na apuração do lucro real", isto é, no e-Lalur.

Convém lembrar que, a partir do período em que o montante acumulado nas cotas de depreciação computadas na determinação do lucro real atingir o limite previsto de 100%, o valor da depreciação registrado na escrituração comercial deverá ser adicionado no e-Lalur.

Assim, como está previsto nessa alteração, a empresa, para o cálculo da depreciação, deve tomar por base a vida útil do bem, mas está autorizada a utilizar a taxa de depreciação fixada pela Secretaria da Receita Federal. A diferença entre um método e outro será ajustada no e-Lalur. Por oportuno, lembra-se que as taxas oficiais foram fixadas pela Receita Federal do Brasil através das instruções normativas n°s 162/1998 e 130/1999.

A diferença entre a depreciação registrada segundo as normas societárias e aquela registrada segundo as regras fiscais deverá ser controlada na parte B, pois se trata de valores que interferirão na apuração da base de cálculo de exercícios futuros, conforme disposto no art. 40 da Lei n° 12.793/2014:

> Art. 40. O art. 57 da Lei n° 4.506, de 30 de novembro de 1964, passa a vigorar com as seguintes alterações:
> "Art. 57 [...]
> § 1°. A quota de depreciação dedutível na apuração do imposto será determinada mediante a aplicação da taxa anual de depreciação sobre o custo de aquisição do ativo.
> [...]
> § 15. Caso a quota de depreciação registrada na contabilidade do contribuinte seja menor do que aquela calculada com base no § 3°, a diferença poderá ser excluída do lucro líquido na apuração do lucro real, observando-se o disposto no § 6°.
> § 16. Para fins do disposto no § 15, a partir do período de apuração em que o montante acumulado das quotas de depreciação computado na determinação do lucro real atingir o limite previsto no § 6°, o valor da depreciação, registrado na escrituração

comercial, deverá ser adicionado ao lucro líquido para efeito de determinação do lucro real." (NR)

Lei nº 4.506, de 30 de novembro de 1964:

Art. 57. Poderá ser computada como custo ou encargo, em cada exercício, a importância correspondente à diminuição do valor dos bens do ativo resultante do desgaste pelo uso, ação da natureza e obsolescência normal.

§ 1º. A quota de depreciação dedutível na apuração do imposto será determinada mediante a aplicação da taxa anual de depreciação sobre o custo de aquisição do ativo.

§ 2º. A taxa anual de depreciação será fixada em função do prazo durante o qual se possa esperar a utilização econômica do bem pelo contribuinte, na produção dos seus rendimentos.

§ 3º. A administração do Imposto de Renda publicará periodicamente o prazo de vida útil admissível a partir de 1º de janeiro de 1965, em condições normais ou médias, para cada espécie de bem, ficando assegurado ao contribuinte o direito de computar a quota efetivamente adequada às condições de depreciação dos seus bens, desde que faça a prova dessa adequação, quando adotar taxa diferente.

§ 4º. No caso de dúvida, o contribuinte ou a administração do imposto de renda poderão pedir perícia do Instituto Nacional de Tecnologia, ou de outra entidade oficial de pesquisa científica ou tecnológica, prevalecendo os prazos de vida útil recomendados por essas instituições, enquanto os mesmos não forem alterados por decisão administrativa superior ou por sentença judicial, baseadas, igualmente, em laudo técnico idôneo.

§ 5º. Com o fim de incentivar a implantação, renovação ou modernização de instalações e equipamentos, o Poder Executivo poderá, mediante decreto, autorizar condições de depreciação acelerada, a vigorar durante prazo certo para determinadas indústrias ou atividades.

§ 6º. Em qualquer hipótese, o montante acumulado das cotas de depreciação não poderá ultrapassar o custo de aquisição do bem, atualizado monetariamente.

§ 7º. A depreciação será deduzida pelo contribuinte que suporta o encargo econômico do desgaste ou obsolescência, de acordo com condições de propriedade, posse ou uso de bem.

§ 8º. A quota de depreciação é dedutível a partir da época em que o bem é instalado, posto em serviço ou em condições de produzir.

§ 9º. Podem ser objeto de depreciação todos os bens físicos sujeitos a desgaste pelo uso ou por causas naturais, ou obsolescência normal, inclusive edifícios e construções.

§ 10. Não será admitida quota de depreciação referente a:

a) terrenos, salvo em relação aos melhoramentos ou construções;

b) prédios ou construções não alugados nem utilizados pelo proprietário na produção dos seus rendimentos, ou destinados à revenda;

c) os bens que normalmente aumentam de valor com o tempo, como obras de arte ou antiguidades.

§ 11. O valor não depreciado dos bens sujeitos à depreciação que se tornarem imprestáveis, ou caírem em desuso, importará na redução do ativo imobilizado.

§ 12. Quando o registro do imobilizado for feito por conjunto de instalação ou equipamentos, sem especificação suficiente para permitir aplicar as diferentes taxas de depreciação de acordo com a natureza do bem, e o contribuinte não tiver elementos para justificar as taxas médias adotadas para o conjunto, será obrigado a utilizar as taxas aplicáveis aos bens de maior vida útil que integrem o conjunto.

§ 13. Não será admitida depreciação dos bens para os quais seja registrada quota de exaustão.

§ 14. A quota de depreciação dos bens aplicados exclusivamente na exploração de minas, jazidas e florestas, registrável em cada exercício, poderá ser determinada de acordo com o § 2º do art.

59, se o período de exploração total da mina, jazida ou floresta for inferior ao tempo de vida útil dos mesmos bens.

§ 15. Caso a quota de depreciação registrada na contabilidade do contribuinte seja menor do que aquela calculada com base no § 3º, a diferença poderá ser excluída do lucro líquido na apuração do Lucro Real, observando-se o disposto no § 6º.

§ 16. Para fins do disposto no § 15, a partir do período de apuração em que o montante acumulado das quotas de depreciação computado na determinação do lucro real atingir o limite previsto no § 6º, o valor da depreciação, registrado na escrituração comercial, deverá ser adicionado ao lucro líquido para efeito de determinação do lucro real. (NR)

Amortização do intangível

A amortização de direitos classificados no ativo não circulante intangível é considerada dedutível na determinação do lucro real, desde que esses direitos amortizados sejam intrinsecamente relacionados com a produção ou comercialização de bens e serviços, conforme disposto no art. 41 da Lei nº 12.793/2014:

> Art. 41. A amortização de direitos classificados no ativo não circulante intangível é considerada dedutível na determinação do lucro real, observado o disposto no inciso III do *caput* do art. 13 da Lei nº 9.249, de 26 de dezembro de 1995.

Arrendamento mercantil financeiro

Outra alteração promovida pelo art. 9º da Lei nº 12.973/2014 foi no art. 13 da Lei nº 9.249/1995, o qual determina que a depreciação, a amortização e a exaustão geradas por bem objeto de arrendamento mercantil, pela arrendatária, não serão dedutíveis.

A razão da indedutibilidade deve-se ao fato de que a arrendatária, pela nova lei contábil, deve contabilizar o bem no ativo não circulante, podendo assim registrar contabilmente os encargos de depreciação. Ao reconhecer esses encargos na contabilidade, pode considerar, pela lei tributária, a contraprestação do arrendamento mercantil. Ou seja, do ponto de vista contábil, a pessoa jurídica reconhece os encargos e do ponto de vista tributário a empresa registra a contraprestação do arrendamento mercantil, conforme disposto a seguir:

Art. 9. A Lei nº 9.249, de 26 de dezembro de 1995, passa a vigorar com as seguintes alterações:
"Art. 13 [...]
VIII - de despesas de depreciação, amortização e exaustão geradas por bem objeto de arrendamento mercantil pela arrendatária, na hipótese em que esta reconheça contabilmente o encargo.
[...]" (NR)

Lei nº 9.249, de 26 de dezembro de 1995:

Art. 13. Para efeito de apuração do lucro real e da base de cálculo da contribuição social sobre o lucro líquido, são vedadas as seguintes deduções, independentemente do disposto no art. 47 da Lei nº 4.506, de 30 de novembro de 1964:
I - de qualquer provisão, exceto as constituídas para o pagamento de férias de empregados e de décimo terceiro salário, a de que trata o art. 43 da Lei nº 8.981, de 20 de janeiro de 1995, com as alterações da Lei nº 9.065, de 20 de junho de 1995, e as provisões técnicas das companhias de seguro e de capitalização, bem como das entidades de previdência privada, cuja constituição é exigida pela legislação especial a elas aplicável;
II - das contraprestações de arrendamento mercantil e do aluguel de bens móveis ou imóveis, exceto quando relacionados

intrinsecamente com a produção ou comercialização dos bens e serviços;

III - de despesas de depreciação, amortização, manutenção, reparo, conservação, impostos, taxas, seguros e quaisquer outros gastos com bens móveis ou imóveis, exceto se intrinsecamente relacionados com a produção ou comercialização dos bens e serviços;

IV - das despesas com alimentação de sócios, acionistas e administradores;

V - das contribuições não compulsórias, exceto as destinadas a custear seguros e planos de saúde, e benefícios complementares assemelhados aos da previdência social, instituídos em favor dos empregados e dirigentes da pessoa jurídica;

VI - das doações, exceto as referidas no § 2º;

VII - das despesas com brindes;

VIII - de despesas de depreciação, amortização e exaustão geradas por bem objeto de arrendamento mercantil pela arrendatária, na hipótese em que esta reconheça contabilmente o encargo.

§ 1º. Admitir-se-ão como dedutíveis as despesas com alimentação fornecida pela pessoa jurídica, indistintamente, a todos os seus empregados.

§ 2º. Poderão ser deduzidas as seguintes doações:

I - as de que trata a Lei nº 8.313, de 23 de dezembro de 1991;

II - as efetuadas às instituições de ensino e pesquisa cuja criação tenha sido autorizada por lei federal e que preencham os requisitos dos incisos I e II do art. 213 da Constituição Federal, até o limite de um e meio por cento do lucro operacional, antes de computada a sua dedução e a de que trata o inciso seguinte;

III - as doações, até o limite de dois por cento do lucro operacional da pessoa jurídica, antes de computada a sua dedução, efetuadas a entidades civis, legalmente constituídas no Brasil, sem fins lucrativos, que prestem serviços gratuitos em benefício de empregados da pessoa jurídica doadora, e respectivos

dependentes, ou em benefício da comunidade onde atuem, observadas as seguintes regras:
a) as doações, quando em dinheiro, serão feitas mediante crédito em conta corrente bancária diretamente em nome da entidade beneficiária;
b) a pessoa jurídica doadora manterá em arquivo, à disposição da fiscalização, declaração, segundo modelo aprovado pela Secretaria da Receita Federal, fornecida pela entidade beneficiária, em que esta se compromete a aplicar integralmente os recursos recebidos na realização de seus objetivos sociais, com identificação da pessoa física responsável pelo seu cumprimento, e a não distribuir lucros, bonificações ou vantagens a dirigentes, mantenedores ou associados, sob nenhuma forma ou pretexto;
c) a entidade civil beneficiária deverá ser reconhecida de utilidade pública por ato formal de órgão competente da União.

Lei nº 12.973/2014:

Art. 47. Poderão ser computadas na determinação do lucro real da pessoa jurídica arrendatária as contraprestações pagas ou creditadas por força de contrato de arrendamento mercantil, referentes a bens móveis ou imóveis intrinsecamente relacionados com a produção ou comercialização dos bens e serviços, inclusive as despesas financeiras nelas consideradas.

Art. 57. No caso de operação de arrendamento mercantil não sujeita ao tratamento tributário previsto na Lei nº 6.099, de 12 de setembro de 1974, em que haja transferência substancial dos riscos e benefícios inerentes à propriedade do ativo, o valor da contraprestação deverá ser computado na base de cálculo da Contribuição para o PIS/Pasep e da Cofins pela pessoa jurídica arrendadora.
Parágrafo único. As pessoas jurídicas sujeitas ao regime de tributação de que tratam as Leis nºs 10.637, de 30 de dezembro de

2002, e 10.833, de 29 de dezembro de 2003, poderão descontar créditos calculados sobre o valor do custo de aquisição ou construção dos bens arrendados proporcionalmente ao valor de cada contraprestação durante o período de vigência do contrato.

Imobilizado: alteração no valor para bens de pequeno valor

Uma importante alteração efetuada pelo art. 2º da Lei nº 12.973/2014 no texto do Decreto-Lei nº 1.598 está no art. 15. Esse dispositivo declara que o custo de aquisição de bens do ativo não circulante imobilizado e intangível não poderá ser deduzido como despesa operacional, salvo se o bem adquirido tiver valor unitário não superior a R$ 1.200,00 ou prazo de vida útil não superior a um ano.

Então, nessa nova redação, o valor é de R$ 1.200,00 para cada bem. A alteração está exatamente no valor, porque o valor anterior era de R$ 326,61.

Lembre-se de que esse novo limite (R$ 1.200,00) somente entrou em vigor a partir de 1º de janeiro de 2014, para quem fez a opção do art. 75, ou a partir de 1º de janeiro de 2015, para quem não fez a citada opção.

Dessa forma, podemos entender que esse dispositivo está trazendo uma grande vantagem para a empresa, no sentido de que não seja obrigada a imobilizar e controlar valores de pequena monta. Então, o contribuinte pode, no momento da aquisição, escolher entre imobilizar aquele bem ou lançá-lo como despesa operacional, desde que unitariamente não ultrapasse o valor de R$ 1.200,00, conforme disposto a seguir:

Art. 2º. O Decreto-Lei 1.598, de 26 de dezembro de 1977, passa a vigorar com as seguintes alterações:
"Art. 15. O custo de aquisição de bens do ativo não circulante imobilizado e intangível não poderá ser deduzido como despesa

operacional, salvo se o bem adquirido tiver valor unitário não superior a R$ 1.200,00 (mil e duzentos reais) ou prazo de vida útil não superior a 1 (um) ano.
[...]" (NR)

Decreto-Lei nº 1.598/1977:

> Art. 15. O custo de aquisição de bens do ativo não circulante imobilizado e intangível não poderá ser deduzido como despesa operacional, salvo se o bem adquirido tiver valor unitário não superior a R$ 1.200,00 (mil e duzentos reais) ou prazo de vida útil não superior a um ano.
> § 1º. (Revogado pela Lei nº 12.973, de 2014)
> § 2º. A quota de exaustão, calculada nos termos do Decreto-lei 1.096, de 28 de março de 1970, na parte em que exceder da quota de exaustão com base no custo de aquisição dos direitos minerais, será creditada à conta especial de reserva de lucros, que somente poderá ser utilizada para absorção de prejuízos ou incorporação ao capital social, observado o disposto nos §§ 3º e 4º do artigo 19.

Vale ressaltar que a decisão sobre a dedutibilidade ou não, imobilização ou não, deve se dar exatamente na data da aquisição do bem. E essa decisão de imobilizar ou não será sempre definitiva e irretratável, sendo que o bem terá o tratamento que lhe for atribuído pela empresa no exato momento da aquisição.

Despesas pré-operacionais

O art. 11 da Lei nº 12.973/2014 trata de despesas pré-operacionais ou pré-industriais e determina que, para fim de apuração do lucro real, não serão computadas no período de apuração em que incorrerem, inclusive as despesas de expansão das atividades industriais.

Porém o parágrafo único desse art. 11 determina que tais despesas poderão ser excluídas para fins de determinação do lucro real, em cotas fixas mensais e no prazo mínimo de cinco anos a partir do início das operações ou da utilização das instalações ou, senão, do início das atividades das novas instalações:

> Art. 11. Para fins de determinação do lucro real, não serão computadas, no período de apuração em que incorridas, as despesas:
>
> I - de organização pré-operacionais ou pré-industriais, inclusive da fase inicial de operação, quando a empresa utilizou apenas parcialmente o seu equipamento ou as suas instalações; e
>
> II - de expansão das atividades industriais.
>
> Parágrafo único. As despesas referidas no *caput* poderão ser excluídas para fins de determinação do lucro real, em quotas fixas mensais e no prazo mínimo de 5 (cinco) anos, a partir:
>
> I - do início das operações ou da plena utilização das instalações, no caso do inciso I do *caput*; e
>
> II - do início das atividades das novas instalações, no caso do inciso II do *caput*.

Cumpre notar que o motivo da referida mudança é a extinção, a partir de 2008, do grupo de contas do ativo diferido.

Prejuízos fiscais não operacionais

O art. 43 da Lei nº 12.973/2014 determina que os prejuízos decorrentes da alienação de bens e direitos do ativo imobilizado, investimento e intangível (não operacionais), ainda que sejam reclassificados para o ativo circulante com intenção de venda, somente poderão ser compensados com lucros da mesma natureza (não operacionais).

As expressões "operacional" e "não operacional" não são mais utilizadas na contabilidade brasileira, em função da adoção das normas internacionais. Porém, como a lei fiscal não foi alterada, o art. 43 ainda emprega essas expressões.

A regra da limitação da compensação de prejuízos fiscais em 30% já existe há muito tempo. Posteriormente, foi introduzida mais esta regra restritiva à compensação, qual seja, aquela que só permite a compensação do prejuízo não operacional que decorra da alienação de bens e direitos do ativo não circulante, com lucros da mesma natureza, isto é, lucros igualmente não operacionais.

O motivo pelo qual essa lei tratou do tema está na expressão constante do art. 43, que diz: "ainda que reclassificados para o ativo circulante com intenção de venda". Tal reclassificação está prevista nas normas internacionais de contabilidade. Ocorre que, quando os contribuintes passaram a atender a esse dispositivo, muitos entenderam que os prejuízos não seriam mais "não operacionais", mas sim "operacionais", porque seus valores, pela nova lei contábil, estavam fora do ativo não circulante.

Portanto, o objetivo desse artigo é evitar a ocorrência desse entendimento errado, declarando expressamente que, mesmo reclassificado no ativo circulante, sua alienação, se causar prejuízo (não operacional), somente será compensável com lucro futuro da mesma natureza (não operacional).

A regra final diz que esta restrição não se aplica em relação às perdas decorrentes de baixa de bens ou direitos em virtude de terem se tornado imprestáveis ou obsoletos ou terem caído em desuso, ainda que posteriormente venham a ser alienados como sucata:

> Art. 43. Os prejuízos decorrentes da alienação de bens e direitos do ativo imobilizado, investimento e intangível, ainda que reclassificados para o ativo circulante com intenção de venda poderão ser compensados, nos períodos de apuração subse-

quentes ao de sua apuração, somente com lucros de mesma natureza, observado o limite previsto no art. 15 da Lei nº 9.065, de 20 de junho de 1995.

Parágrafo único. O disposto no *caput* não se aplica em relação às perdas decorrentes de baixa de bens ou direitos em virtude de terem se tornado imprestáveis ou obsoletos ou terem caído em desuso, ainda que posteriormente venham a ser alienados como sucata.

Já o saldo de prejuízos não operacionais apurados pelas pessoas jurídicas, a partir de 1º de janeiro de 1996, existente em 31 de dezembro de 2013, para as optantes conforme art. 75 dessa lei, ou em 31 de dezembro de 2014, para as não optantes, somente poderá ser compensado com os lucros da mesma natureza (não operacionais), observado o limite de 30% previsto no art. 15 da Lei nº 9.065/1995, conforme dispõe o art. 70 da Lei nº 12.973/2014:

> Art. 70. O saldo de prejuízos não operacionais de que trata o art. 31 da Lei nº 9.249, de 26 de dezembro de 1995, existente em 31 de dezembro de 2013, para os optantes conforme o art. 75, ou em 31 de dezembro de 2014, para os não optantes, somente poderá ser compensado com os lucros a que se refere o art. 43 da presente Lei, observado o limite previsto no art. 15 da Lei nº 9.065, de 20 de junho de 1995.

Atividade imobiliária

O art. 2º da Lei nº 12.973/2014 faz mais uma alteração no texto do Decreto-Lei nº 1.598. Dessa vez, a mudança refere-se ao art. 27 do Decreto-Lei nº 1.598, que trata da atividade imobiliária. A questão envolvida neste dispositivo é a operação de permuta.

A mudança consiste no acréscimo de dois parágrafos ao art. 27 que não existiam anteriormente e foram inseridos por esta lei.

O § 3º, que é o primeiro daqueles que foram inseridos, diz que, na hipótese de operações de permuta envolvendo unidades imobiliárias, a parcela do lucro bruto decorrente da avaliação ao valor justo das unidades permutadas será computada na determinação do lucro real no período da ocorrência da operação. Portanto, o § 3º está regulando a questão da computação no lucro real dos resultados das operações de permuta.

Pela nova lei, nas operações de permuta, o valor das unidades permutadas deverá ser apurado pelo valor justo. Assim, será muito comum o aparecimento de lucro na operação, o que obrigaria a inclusão, por ocasião da data da operação, na base de cálculo do lucro real. Porém a empresa poderá computar esse lucro bruto somente quando a unidade recebida for alienada, ou tiver qualquer outro destino previsto na lei. É uma espécie de postergação do pagamento do imposto.

O § 3º, também novo, diz que esta alteração será disciplinada pela Receita Federal do Brasil:

> Art. 27. [...]
> § 3º. Na hipótese de operações de permuta envolvendo unidades imobiliárias, a parcela do lucro bruto decorrente da avaliação a valor justo das unidades permutadas será computada na determinação do lucro real pelas pessoas jurídicas permutantes, quando o imóvel recebido em permuta for alienado, inclusive como parte integrante do custo de outras unidades imobiliárias ou realizado a qualquer título, ou quando, a qualquer tempo, for classificada no ativo não circulante investimentos ou imobilizado.
> § 4º. O disposto no § 3º será disciplinado pela Secretaria da Receita Federal do Brasil. (NR).

O art. 29 também foca a atividade imobiliária. Aqui a situação é quando uma empresa, que se dedica à atividade imobiliária, vende unidade imobiliária a prazo ou em prestações e o pagamento somente se completará após o término do período de apuração da venda. Por esse dispositivo, a empresa poderá, para efeito de determinar o lucro real, reconhecer o lucro bruto proporcionalmente à receita da venda recebida. Isso quer dizer que, quando ocorre uma venda a prazo ou em prestações e o prazo dos valores a receber atinge outros anos-calendário, além do período da apuração da venda, a empresa poderá reconhecer o lucro bruto, para efeito de apuração do lucro real, proporcionalmente à receita que for sendo recebida.

Esse esquema já era assim, mas, com a extinção da conta de resultados futuros, a novidade é a inserção do inciso V, que determina que os ajustes pertinentes ao reconhecimento do lucro bruto, na forma aqui resenhada, deverão ser realizados no Lalur:

> Art. 29. Na venda a prazo, ou em prestações, com pagamento após o término do período de apuração da venda, o lucro bruto de que trata o § 1º do art. 27 poderá, para efeito de determinação do lucro real, ser reconhecido proporcionalmente à receita de venda recebida, observadas as seguintes normas:
>
> [...]
>
> II - por ocasião da venda, será determinada a relação entre o lucro bruto e a receita bruta de venda e, em cada período, será computada, na determinação do lucro real, parte do lucro bruto proporcional à receita recebida no mesmo período;
>
> III - a relação entre o lucro bruto e a receita bruta de venda, de que trata o inciso II do *caput*, deverá ser reajustada sempre que for alterado o valor do orçamento, em decorrência de modificações no projeto ou nas especificações do empreendimento, e apurada diferença entre custo orçado e efetivo, devendo ser computada na determinação do lucro real, do período de apuração desse reajustamento, a diferença de custo correspondente à parte da receita de venda já recebida;

[...]
V - os ajustes pertinentes ao reconhecimento do lucro bruto, na forma do inciso II do *caput*, e da diferença de que trata o inciso III do *caput* deverão ser realizados no livro de apuração do lucro real de que trata o inciso I do *caput* do art. 8º.
[...] (NR)

Decreto-Lei nº 1.598/1977:

Art. 27. O contribuinte que comprar imóvel para venda ou promover empreendimento de desmembramento ou loteamento de terrenos, incorporação imobiliária ou construção de prédio destinado à venda, deverá, para efeito de determinar o lucro real, manter, com observância das normas seguintes, registro permanente de estoques para determinar o custo dos imóveis vendidos: (Vigência)
I - o custo dos imóveis vendidos compreenderá:
a) o custo de aquisição de terrenos ou prédios, inclusive os tributos devidos na aquisição e as despesas de legalização; e
b) os custos diretos (art. 13, § 1º) de estudo, planejamento, legalização e execução dos planos ou projetos de desmembramento, loteamento, incorporação, construção e quaisquer obras ou melhoramentos.
II - no caso de empreendimento que compreenda duas ou mais unidades a serem vendidas separadamente, o registro de estoque deve discriminar, ao menos por ocasião do balanço, o custo de cada unidade distinta;
III - (Revogado pela Lei nº 12.973, de 2014)
§ 1º. O lucro bruto na venda de cada unidade será apurado e reconhecido quando, contratada a venda, ainda que mediante instrumento de promessa, ou quando implementada a condição suspensiva a que estiver sujeita a venda.
§ 2º. Na correção de que trata o item III, o contribuinte poderá, à sua opção, observar o disposto no artigo 48 e no § 3º do artigo 41.

(Vide Decreto-lei nº 1.648, de 1978). (Vide Decreto-lei nº 2.064, de1983) (Vide Decreto-lei nº 2.065, de 1983)

§ 3º. Na hipótese de operações de permuta envolvendo unidades imobiliárias, a parcela do lucro bruto decorrente da avaliação a valor justo das unidades permutadas será computada na determinação do lucro real pelas pessoas jurídicas permutantes, quando o imóvel recebido em permuta for alienado, inclusive como parte integrante do custo de outras unidades imobiliárias ou realizado a qualquer título, ou quando, a qualquer tempo, for classificada no ativo não circulante investimentos ou imobilizado.

§ 4º. O disposto no § 3º será disciplinado pela Secretaria da Receita Federal do Brasil. (NR)

Art. 28. Se a venda for contratada antes de completado o empreendimento, o contribuinte poderá computar no custo do imóvel vendido, além dos custos pagos, incorridos ou contratados, os orçados para a conclusão das obras ou melhoramentos que estiver contratualmente obrigado a realizar. (Vigência)

§ 1º. O custo orçado será baseado nos custos usuais no tipo de empreendimento imobiliário.

§ 2º. Se a execução das obras ou melhoramentos a que se obrigou o contribuinte se estender além do período-base da venda e o custo efetivamente realizado for inferior, em mais de 15%, ao custo orçado computado na determinação do lucro bruto, o contribuinte ficará obrigado a pagar correção monetária e juros de mora sobre o valor do imposto postergado pela dedução de custo orçado excedente do realizado.

§ 3º. A correção e os juros de mora de que trata o § 2º deverão ser pagos juntamente com o imposto anual incidente no período-base em que tiver terminado a execução das obras ou melhoramentos.

Art. 29. Na venda a prazo, ou em prestações, com pagamento após o término do período de apuração da venda, o lucro bruto de que trata o § 1º do art. 27 poderá, para efeito de determinação do lucro real, ser reconhecido proporcionalmente à receita de venda recebida, observadas as seguintes normas:

I - (Revogado pela Lei nº 12.973, de 2014) (Vigência)

II - por ocasião da venda, será determinada a relação entre o lucro bruto e a receita bruta de venda e, em cada período, será computada, na determinação do lucro real, parte do lucro bruto proporcional à receita recebida no mesmo período;

III - a relação entre o lucro bruto e a receita bruta de venda, de que trata o inciso II do *caput*, deverá ser reajustada sempre que for alterado o valor do orçamento, em decorrência de modificações no projeto ou nas especificações do empreendimento, e apurada diferença entre custo orçado e efetivo, devendo ser computada na determinação do lucro real, do período de apuração desse reajustamento, a diferença de custo correspondente à parte da receita de venda já recebida;

IV - se o custo efetivo foi inferior, em mais de 15%, ao custo orçado, aplicar-se-á o disposto no § 2º do art. 28;

V - os ajustes pertinentes ao reconhecimento do lucro bruto, na forma do inciso II do *caput*, e da diferença de que trata o inciso III do *caput* deverão ser realizados no livro de apuração do lucro real de que trata o inciso I do *caput* do art. 8º.

§ 1º. Se a venda for contratada com juros, estes deverão ser apropriados nos resultados dos exercícios sociais a que competirem.

§ 2º. Na venda contratada com cláusula de correção monetária do saldo credor do preço, a contrapartida da correção, nas condições estipuladas no contrato, da receita de vendas a receber será computada, no resultado do exercício, como variação monetária (art. 18), pelo valor que exceder da correção, segundo os mesmos critérios, do saldo do lucro bruto registrado na conta de resultados de exercícios futuros de que trata o item I do art. 29.

§ 3º. A pessoa jurídica poderá registrar como variação monetária passiva as atualizações monetárias do custo contratado e do custo orçado, desde que o critério seja aplicado uniformemente. (Redação dada pelo Decreto-lei nº 2.429, de 1988).

Ajuste a valor presente e ajuste a valor justo

A figura do ajuste a valor presente (AVP) foi incluída na legislação contábil pela Lei nº 11.638/2007, a mesma que introduziu no país as normas internacionais de contabilidade. Eis o conceito do valor presente, constante do glossário do CFC (Resolução CFC nº 1.255/2010): "Valor presente: estimativa do valor presente descontado de fluxos de caixa líquidos no curso normal dos negócios".

O ajuste a valor presente, quando contabilizado, altera o resultado contábil da empresa ao trazer, para o presente, fluxos de caixa que somente ocorrerão no futuro, tais como direitos ou obrigações de longo prazo, ou de curto prazo, desde que relevantes.

Porém a legislação tributária não acompanhou essa evolução e, em decorrência do RTT, tinha-se de fazer um ajuste no regime tributário de transição, por meio do FCont.

Com o fim do RTT, o ajuste a valor presente passa a não compor o resultado fiscal, exatamente como determina o art. 4º:

> Art. 4º. Os valores decorrentes do ajuste a valor presente, de que trata o inciso VIII do *caput* do art. 183 da Lei nº 6.404, de 15 de dezembro de 1976, relativos a cada operação, somente serão considerados na determinação do lucro real no mesmo período de apuração em que a receita ou resultado da operação deva ser oferecido à tributação.

Dessa forma, constata-se que o valor do ajuste a valor presente só irá interferir na tributação à medida que, no mesmo período, a receita e o resultado da operação forem oferecidos à tributação. Portanto, é um mecanismo que, do ponto de vista tributário, torna inócuo o AVP, porque, vindo da nova lei contábil, não foi acolhido pela lei tributária.

Com relação aos elementos do passivo, os mesmos são abordados no art. 5º da referida lei, o qual manteve basicamente as mesmas regras, mas com alguns detalhes importantes:

1) em algumas hipóteses (incisos I, II e III do art. 5º), os valores do AVP deverão ser evidenciados contabilmente em subconta vinculada ao ativo;
2) os valores decorrentes do AVP não poderão ser considerados na determinação do lucro real:
   a) caso o valor realizado não seja dedutível (III);
   b) caso a despesa não seja dedutível (IV);
   c) nas três hipóteses (I, II e III), caso os valores do AVP não tenham sido evidenciados em subconta vinculada ao ativo.

> Art. 5º. Os valores decorrentes do ajuste a valor presente, de que trata o inciso III do *caput* do art. 184 da Lei nº 6.404, de 15 de dezembro de 1976, relativos a cada operação, somente serão considerados na determinação do lucro real no período de apuração em que:
>
> I - o bem for revendido, no caso de aquisição a prazo de bem para revenda;
>
> II - o bem for utilizado como insumo na produção de bens ou serviços, no caso de aquisição a prazo de bem a ser utilizado como insumo na produção de bens ou serviços;
>
> III - o ativo for realizado, inclusive mediante depreciação, amortização, exaustão, alienação ou baixa, no caso de aquisição a prazo de ativo não classificável nos incisos I e II do *caput*;

IV - a despesa for incorrida, no caso de aquisição a prazo de bem ou serviço contabilizado diretamente como despesa; e

V - o custo for incorrido, no caso de aquisição a prazo de bem ou serviço contabilizado diretamente como custo de produção de bens ou serviços.

§ 1º. Nas hipóteses previstas nos incisos I, II e III do *caput*, os valores decorrentes do ajuste a valor presente deverão ser evidenciados contabilmente em subconta vinculada ao ativo.

§ 2º. Os valores decorrentes de ajuste a valor presente de que trata o *caput* não poderão ser considerados na determinação do lucro real:

I - na hipótese prevista no inciso III do *caput*, caso o valor realizado, inclusive mediante depreciação, amortização, exaustão, alienação ou baixa não seja dedutível;

II - na hipótese prevista no inciso IV do *caput*, caso a despesa não seja dedutível; e

III - nas hipóteses previstas nos incisos I, II e III do *caput*, caso os valores decorrentes do ajuste a valor presente não tenham sido evidenciados conforme disposto no § 1º.

Revogações

A Lei nº 12.973/2014 não só estabeleceu novas regras contábeis e fiscais, mas também revogou determinadas regras, conforme disposto em seu art. 117:

Art. 117. Revogam-se, a partir de 1º de janeiro de 2015:

I - a alínea "b" do *caput* e o § 3º do art. 58 da Lei nº 4.506, de 30 de novembro de 1964;

II - o art. 15 da Lei nº 6.099, de 12 de setembro de 1974;

III - os seguintes dispositivos do Decreto-Lei nº 1.598, de 26 de dezembro de 1977:

a) o inciso II do *caput* do art. 8º;

b) o § 1º do art. 15;

c) o § 2º do art. 20;

d) o inciso III do *caput* do art. 27;

e) o inciso I do *caput* do art. 29;

f) o § 3º do art. 31;

g) o art. 32;

h) o inciso IV do *caput* e o § 1º do art. 33;

i) o art. 34; e

j) o inciso III do *caput* do art. 38;

IV - o art. 18 da Lei nº 8.218, de 29 de agosto de 1991;

V - o art. 31 da Lei nº 8.981, de 20 de janeiro de 1995;

VI - os §§ 2º e 3º do art. 21 e o art. 31 da Lei nº 9.249, de 26 de dezembro de 1995;

VII - a alínea "b" do § 1º e os §§ 2º e 4º do art. 1º da Lei nº 9.532, de 10 de dezembro de 1997;

VIII - o inciso V do § 2º do art. 3º da Lei nº 9.718, de 27 de novembro de 1998;

IX - o art. 74 da Medida Provisória nº 2.158-35, de 24 de agosto de 2001; e

X - os arts. 15 a 24, 59 e 60 da Lei nº 11.941, de 27 de maio de 2009.

Ademais, podemos citar como principais revogações determinadas pelo referido artigo:

1) investimentos em bens vinculados a contratos de concessão de serviço público e amortização de despesas pré-operacionais e pré-industriais;

2) opção de compra pelo arrendatário;

3) vários dispositivos do Decreto-Lei nº 1.598: (a) amortização de encargos e despesas; (b) lançamento do ágio ou deságio; (c) correção do custo de unidades em estoque; (d) resultado de exercícios futuros; (e) ganho ou perda de capital na alienação de investimento; (f) provisão para perdas prováveis;

(g) correção da provisão para perdas prováveis; (h) fusão, incorporação ou cisão com extinção de ações; (i) prêmio na emissão de debêntures;

4) Lalur elaborado pelo sistema eletrônico;

5) definição de receita bruta;

6) incorporação, fusão ou cisão – pessoa jurídica do lucro presumido;

7) disponibilização de lucros auferidos no exterior;

8) receita decorrente da transferência onerosa de créditos do ICMS;

9) disponibilização de lucros no exterior no balanço de apuração;

10) todos os dispositivos da Lei nº 11.941/2009 que tratam do RTT, cálculo de juros sobre o capital próprio e resultados operacionais e não operacionais.

Questões de automonitoramento

1) Após ler este capítulo, você é capaz de resumir os casos geradores do capítulo 7, identificando as partes envolvidas, os problemas atinentes e as soluções cabíveis?

2) Discorra acerca das principais alterações oriundas da Lei nº 12.973/2014.

3) Diferencie depreciação de amortização.

4) Discorra acerca do instituto da neutralidade tributária com a adoção da Lei nº 12.793/2014.

5) Diferencie ajuste a valor presente de ajuste a valor justo.

6) Pense e descreva, mentalmente, alternativas para solução dos casos geradores do capítulo 7.

7

Sugestões de casos geradores

IR – Estrutura: elemento material, elemento temporal, elemento espacial (cap. 1)

Caso 1

A Lei nº 7.713/1988 instituiu o imposto sobre o lucro líquido (ILL) (devido pelas pessoas jurídicas ou físicas beneficiárias desses rendimentos na forma de antecipação), elegendo como hipótese de incidência o lucro apurado pelas pessoas jurídicas ao final de cada exercício, independentemente do pagamento de dividendos, devendo o mesmo ser pago até o dia 31 de janeiro. Tendo em vista o fato gerador (disponibilidade econômica ou jurídica) do imposto de renda prescrito no art. 45 do CTN, pergunta-se:

1) É constitucional/legal essa exigência sem que o dividendo seja pago? E caso o dividendo seja creditado aos seus acionistas?
2) Seria legítima essa hipótese de incidência para as Ltdas. cuja disposição do contrato social determine a distribuição integral ao final do exercício?

3) E para as S/As que tenham disposição semelhante? Poderia o fisco exigir o tributo parcialmente sobre o percentual fixado para distribuição no estatuto social?

Caso 2

Marcos André possuía uma caderneta de poupança há muitos anos, como forma de garantir eventuais despesas extraordinárias. No começo da crise de 2009, ou seja, em janeiro de 2009, seus sócios decidem, por maioria, afastar Marcos André, que fica desempregado. Em julho de 2009 o governo edita uma MP que passa a tributar a caderneta de poupança, impondo uma tributação na fonte sobre rendimentos auferidos pelas poupanças já a partir de agosto de 2009.

Pergunta-se: os rendimentos de Marcos André auferidos ao longo de 2009, após a publicação da MP, poderão ser tributados? E antes da publicação?

IR – Estrutura: elemento quantitativo, elemento subjetivo (cap. 2)

Lord of Rings Ltda., sociedade brasileira, com vistas a garantir a consecução de suas atividades empresariais, em janeiro de 1998, tomou empréstimo no exterior, no valor de US$ 15.000.000,00 mediante o lançamento de *fixed rate notes*.[117] De toda forma, objetivando se proteger da variação cambial do real em relação ao dólar americano e, dessa forma, garantir que pudesse honrar a dívida então contraída (principal e juros), a referida empresa realizou, em 30 de abril de 1998, com a companhia norte-americana J. R. R.

---

[117] Títulos com taxa de juros fixa.

Tolkien, operações de cobertura (*hedge*),[118] por meio de contrato *swap*,[119] com vencimento ajustado para o prazo de 12 meses a contar de sua assinatura, trocando, dessa forma, os rendimentos de suas aplicações financeiras de renda fixa em moeda nacional pelos rendimentos de operações do banco atreladas ao dólar americano. Quando do vencimento do contrato firmado entre Lord of Rings Ltda. e J. R. R. Tolkien Company, já sob a disciplina da Lei nº 9.779/1999, o imposto de renda incidente sobre aquela operação *hedge* foi retido na fonte, causando a indignação de Frodo Bolseiro, presidente da Lord of Rings Ltda., que, de pronto, solicitou ao escritório Aragorn & Gandalf Advogados Associados a impetração de mandado de segurança para evitar tal retenção, alegando que não houve qualquer acréscimo patrimonial obtido pelo contribuinte. Dessa forma, pergunta-se:

1) A alegação do contribuinte de que a operação *swap* para fins de cobertura *hedge* não representa acréscimo patrimonial e, portanto, não enseja a ocorrência do fato gerador do IR procede?

2) Sendo negativa a resposta, a retenção na fonte do IR está em conformidade com a legislação que disciplina a matéria?

3) *Ad argumentandum tantum*, considerando que o art. 153, III, da CRFB/1988 determina que a União tem competência para instituir tributos sobre renda e proventos de qualquer natureza, na hipótese em que a referida operação *swap* com

---

[118] Sob a égide, à época, da previsão contida no art. 77, V, da Lei nº 8.981/1995, que afastava a aplicação do regime de tributação sobre operações financeiras das operações de cobertura (*hedge*), assim consideradas as operações destinadas exclusivamente à proteção contra riscos inerentes às oscilações de preço ou de taxas, quando o objeto do contrato negociado estiver relacionado com as atividades operacionais da pessoa jurídica ou destinar-se à proteção de direitos ou obrigações da pessoa jurídica.

[119] Consoante as lições de Gastineau e Kritzman, o contrato de *swap* apresenta três definições: "(i) contrato de troca de pagamentos periódicos com uma contraparte; (ii) prática de se trocarem obrigações com propósito de melhorar o rendimento, mudar o risco de crédito, refletir uma visão sobre as taxas de juros ou registrar um prejuízo fiscal e (iii) preço de um contrato futuro menos o preço à vista do respectivo objeto base" (GASTINEAU, Gary L.; KRITZMAN, Mark P. *Dicionário de administração de risco financeiro*. Trad. Bolsa de Mercadorias e Futuros. São Paulo: BMF Brasil, 1999. p. 382).

cobertura *hedge* não represente, efetivamente, acréscimo patrimonial, poderia se sustentar, em tese, que a incidência do IR na fonte estaria caracterizando verdadeiro empréstimo compulsório (art. 148 da CRFB/1988) despido de seus fundamentos formais e materiais?

IRPJ – Apuração do tributo: lucro presumido, lucro arbitrado, Simples, lucro real (cap. 3)

Considere o seguinte resultado para uma empresa que vende produtos de limpeza e também é prestadora de serviços de limpeza:

Receitas:
Prestação de serviços: 200.000,00;
Venda de produtos: 150.000,00;
Aplicações financeiras: 50.000,00.

Despesas:
Material consumido na prestação: 25.000,00;
Despesa com salários: 15.000,00;
Despesas com brindes: 2.000,00;
Provisões constituídas em razão de contingência judicial: 50.000,00.

Com base nos dados acima, diga qual é a melhor opção para a empresa: aderir à forma de apuração do lucro presumido ou real.

IRPJ – Apuração do tributo: receitas, despesas (cap. 4)

Prazo Certo Ltda., pessoa jurídica de direito privado, inscrita no CNPJ sob o nº 71.171.171/0001-71, instituição financeira devidamente cadastrada no Banco Central do Brasil, submete-se à apuração de seu lucro por meio do regime de lucro real, tendo em conta o que dispõe o art. 14, II, da Lei nº 9.718, de 27 de novembro de 1998.

O setor contábil da pessoa jurídica em comento constatou inexatidão no último período de apuração de escrituração de receita, o que ocasionou a redução indevida do lucro real do imposto de renda que se encontra constitucionalmente e legalmente instada a recolher.

Tendo em conta que o prazo para pagamento do suprarreferido imposto ainda não se esgotou, o responsável pelo setor contábil daquela empresa lhe procura para que seja elaborado um parecer em que fiquem consignadas as consequências desse equívoco, bem como as providências que devem ser adotadas com o intuito de sanar a irregularidade apontada.

Contabilidade tributária. IR – Métodos de antecipação: estimativa e balancete de suspensão e redução, aproveitamento de prejuízo fiscal, registro dos saldos de despesa de IRPJ e IR diferido (cap. 5)

Caso 1

Calcule, mensalmente, pela estimativa e pelo balancete de suspensão ou redução e informe o critério mais benéfico para a empresa recolher as antecipações do imposto de renda pessoa jurídica, considerando-se os dados a seguir:

Cálculo do imposto de renda pelo balancete de suspensão ou redução, referente ao período de janeiro a junho/X14:

Dados referentes ao período de janeiro a junho/X14:

Mês	Receitas de vendas	Custos/ despesas	Outras receitas	Adições	Exclusões
Janeiro	R$ 800.000,00	R$ 770.000,00	–	R$ 8.000,00	1.200,00
Fevereiro	R$ 810.000,00	R$ 734.000,00	–	–	–

Continua

Mês	Receitas de vendas	Custos/ despesas	Outras receitas	Adições	Exclusões
Março	R$ 795.000,00	R$ 880.000,00	R$ 40.000,00	4.000,00	–
Abril	R$ 8 30.000,00	R$ 750.000,00	–	–	–
Maio	R$ 8 40.000,00	R$ 748.000,00	–	–	–
Junho	R$ 8 50.000,00	R$ 918.000,00	R$ 20.000,00	–	R$ 2.000,00

Caso 2

Com base nas demonstrações de resultado da empresa Cia. RTT S/A, tributada pelo lucro real anual, calcule o IRPJ e a CSLL acumulados na data-base 31/12/X14.

Para fins de contabilização das despesas de IR/CS, bem como o diferido ativo, considere que não há saldos contábeis relativamente ao período acumulado de janeiro a novembro de 2014.

Informações complementares:

1) A receita de vendas está reduzida por um AVP de R$ 220.000,00;
2) As despesas operacionais contemplam depreciação de bem objeto de *leasing* no montante de R$ 60.000,00. Segundo o representante da Cia. RTT S/A, o valor da contraprestação do *leasing* desse bem no período foi de R$ 250.000,00.

Descrição	Acumulado – jan. a dez./X10
Receita venda de mercadorias	2.420.000,00
Impostos sobre vendas (PIS/Cofins/ICMS)	(580.000)
Vendas canceladas/devoluções	150.000,00
Receita líquida	**1.990.000,00**
Custo das vendas	(710.000)
Lucro bruto	**1.280.000,00**

Continua

Descrição	Acumulado – jan. a dez./X10
Despesas/receitas operacionais	
Despesas administrativas	(154.500)
Receitas aplic. financ. (IRRF de 20%)	370.000,00
Provisão para devedores duvidosos	(150.000)
Outras receitas operacionais	78.000,00
Outras despesas operacionais	(83.000)
Dividendos recebidos	75.000,00
Resultado equivalência patrimonial	(34.300)
Resultado na venda de imobilizado	(312.000)
Lucro líquido antes impostos	**1.069.200,00**
CSLL	(108.765)
IRPJ	(278.125)
Total da despesa de IRPJ e CSLL	**(386.890)**
Lucro líquido	**682.310,00**

Contabilidade tributária. IR – Efeitos contábeis introduzidos pela Lei nº 12.973/2014. Análise da dedutibilidade de despesas e impactos contábeis (cap. 6)

Caso 1

A RFB instituiu o livro eletrônico de escrituração e apuração do imposto sobre a renda e da contribuição social sobre o lucro líquido da pessoa jurídica tributada pelo lucro real (e-Lalur). Sobre esse livro, é correto afirmar:

1) O sujeito passivo deverá informar, no e-Lalur, todas as operações que influenciaram, direta, imediata ou futuramente, a composição da base de cálculo e o valor devido do IRPJ e da CSLL, especialmente quanto aos fatos constantes em instrução normativa própria da RFB?

2) O sujeito passivo deverá informar, no e-Lalur, todas as operações que influenciaram, direta e imediatamente, a compo-

sição da base de cálculo e o valor devido do IRPJ e da CSLL, especialmente quanto aos fatos constantes em instrução normativa própria da RFB?

3) O sujeito passivo deverá informar, no e-Lalur, todas as operações que influenciarão, futuramente, a composição da base de cálculo e o valor devido do IRPJ e da CSLL, especialmente quanto aos fatos constantes em instrução normativa própria da RFB?

4) O sujeito passivo deverá informar, no e-Lalur, todas as operações que influenciaram, direta ou indiretamente, imediata ou futuramente, a composição da base de cálculo e o valor devido do IRPJ, especialmente quanto aos fatos constantes em instrução normativa própria da RFB?

5) O sujeito passivo deverá informar, no e-Lalur, todas as operações que influenciaram, direta ou indiretamente, imediata ou futuramente, a composição da base de cálculo e o valor devido do IRPJ e da CSLL, especialmente quanto aos fatos constantes em instrução normativa própria da RFB?

Caso 2

Com a extinção do chamado regime tributário de transição (RTT), foram efetuadas importantes alterações na legislação vigente sobre o imposto de renda das pessoas jurídicas (IRPJ), e sobre a contribuição social sobre o lucro líquido (CSLL). Entre as opções abaixo, assinale aquela que não constitui uma dessas alterações.

1) Tratamento dos efeitos provocados em razão da alteração significativa na forma de contabilização do arrendamento mercantil (*leasing*) na Lei das S/A, com o reconhecimento no ativo imobilizado do bem arrendado, desde a formalização do contrato.

2) Disciplinamento de ajustes decorrentes dos novos métodos e critérios contábeis introduzidos em razão da convergência das normas contábeis brasileiras aos padrões internacionais.

3) Estabelecimento de multa específica pela falta de apresentação da escrituração do livro de apuração do lucro real em meio digital, ou pela sua apresentação com informações incorretas ou omissas, com base na capacidade contributiva da empresa.

4) Extinção da sistemática de ajustes em livro fiscal para os ajustes do lucro líquido decorrentes do RTT.

5) Avaliação dos investimentos pela equivalência patrimonial. A MP dispõe sobre o registro separado do valor decorrente da avaliação ao valor justo dos ativos líquidos da investida (mais-valia) e a diferença decorrente de rentabilidade futura (*goodwill*).

Conclusão

O material relativo à tributação sobre a renda se propõe a apresentar ao leitor as principais características e a estrutura desse importante conjunto de princípios e regras que respondem por um importante pilar do Sistema Tributário Brasileiro.

Nesse sentido, é possível observar a complexidade que envolve a tributação das rendas auferidas pelas pessoas físicas e jurídicas, devida, em grande parte, à amplitude do conceito de "renda" delineado pelo direito brasileiro. Sem dúvida, a exemplo do que ocorre em outras jurisdições, a tributação sobre a renda se caracteriza por estar em constante estado de evolução. Daí a dificuldade enfrentada pelos operadores de direito em colimar muitas dessas múltiplas disposições com um conceito tão abrangente como o de "renda".

Alie-se a isso o fato de ser justamente na tributação sobre a renda que talvez a interação entre o direito tributário e outras ciências que não a jurídica se mostra mais intensa. Em que pese o fato de que a grande maioria das materialidades eleitas pela Constituição como passíveis de incidência da tributação consistir em fatos econômicos, a verdade é que a tributação sobre a renda se forma a partir de fatos cuja elucidação depende de conhecimentos complementares. Por isso, cabe ao intérprete, instado a se posicionar nesse campo, navegar por conceitos manejados por outros ramos de conhecimento que não o direito tributário. Não por outra razão, o material apresentado contém referências diretas e indiretas a essa interação entre o direito tributário e outros ramos do direito (direito comercial e civil) ou até mesmo de outras ciências sociais, como a contabilidade e a economia.

Diante desse cenário, procurou-se mostrar inicialmente os principais aspectos relativos à estrutura e à apuração do imposto de renda, a partir da análise dos cinco elementos essenciais à tributação sobre a renda. A continuação do trabalho se propõe a abordar os aspectos mais relevantes, divididos por subtemas específicos e contemporâneos, como as alterações contábeis, os incentivos fiscais, as estruturas negociais complexas, entre outros.

Esperamos, com isso, fazer com que o aluno possa absorver as noções mais essenciais da tributação sobre a renda. O objetivo é fazer com que o leitor possa não só tomar conhecimento dos conceitos fundamentais, mas também partir de uma abordagem que estimule a conciliação, o ensino e a investigação. Tudo isso aliado a uma inovadora metodologia de casos, a mais indicada para a absorção de conhecimentos teóricos e práticos, linha adotada pela FGV DIREITO RIO, seguindo o exemplo das mais prestigiosas instituições de ensino jurídico no mundo.

Referências

AFONSO, Sylvio César. Aspectos relevantes e controvertidos da tributação pelo imposto sobre a renda. *Revista Tributária e de Finanças Públicas*, São Paulo, ano 15, n. 74, p. 215-236, maio/jun. 2006.

AMARO, Luciano. *Direito tributário brasileiro*. 9. ed. São Paulo: Saraiva, 2003.

ANDRADE, Denise Erse. Breves considerações sobre a renda. *Revista Tributária e de Finanças Públicas*, São Paulo, ano 8, n. 34, p. 119-128, set./out. 2000.

ATALIBA, Geraldo (Coord.). *Periodicidade do imposto de renda*. São Paulo: Malheiros, 1993.

_____. *Hipótese de incidência tributária*. 6. ed., 3 tir. São Paulo: Malheiros, 2002.

_____. Periodicidade do imposto de renda I. Mesa de debate. *RDT*, São Paulo, n. 63, p. 17, dez. 2003.

BALEEIRO, Aliomar. *Uma introdução à ciência das finanças*. 12. ed. Rio de Janeiro: Forense, 1978.

_____. *Direito tributário brasileiro*. Atualiz. Misabel Abreu Machado Derzi. Rio de Janeiro: Forense, 2003.

CANTO, Gilberto de Ulhoa. A aquisição de disponibilidade e o acréscimo patrimonial no imposto sobre a renda. In: MARTINS, Ives Gandra da Silva. *Imposto de renda*. São Paulo: Atlas, 1993.

CARRAZZA, Roque Antonio. *Curso de direito constitucional tributário*. 19. ed. rev. ampl. e atualiz. até a Emenda Constitucional nº 39/2002, 2. tir. São Paulo: Malheiros, 2003.

CARVALHO, Fábio Junqueira de; MURGUEL, Maria Inês. *IRPJ*: teoria e prática jurídica. São Paulo: Dialética, 2000.

CARVALHO, Paulo de Barros. *Curso de direito tributário*. 16. ed. São Paulo: Saraiva, 2004.

COÊLHO, Sacha Calmon Navarro. *Curso de direito tributário brasileiro*. 3. ed. Rio de Janeiro: Forense, 1999.

CORRÊA, Rodrigo de Oliveira Botelho. Análise do conceito positivo de renda à luz da teoria da indução econômica. *Revista Tributária e de Finanças Públicas*, São Paulo, ano 16, n. 80, p. 189-212, maio/jun. 2008.

DERZI, Misabel de Abreu Machado. Periodicidade do imposto de renda. *Revista de Direito Tributário*, São Paulo, n. 63. p. 44-49, 2003.

FALCÃO, Amílcar de Araújo. *Fato gerador da obrigação tributária*. 6. ed. rev. e atualiz. prof. Flávio Bauer Novelli. Rio de Janeiro: Forense, 2002.

FERREIRA, Richard Edward Dotoli. *A sujeição passiva tributária e a retenção de tributos na fonte*. Rio de Janeiro: Lumen Juris, 2008.

GASTINEAU, Gary L. E.; KRITZMAN, Mark P. *Dicionário de administração de risco financeiro*. Trad. Bolsa de Mercadorias e Futuros. São Paulo: BMF Brasil, 1999.

HAIG, Robert Murray. The concept of income: economic and legal aspects. In: MUSGRAVE, Richard A.; SHOUP, Carl S. *Readings in the economics of taxation*. Homewood, IL: Richard D. Irwin, 1959.

HERRERA MOLINA, Pedro M. *Capacidad económica*. Madri: Marcial Pons, 1998.

HIGUCHI, Hiromi. *Imposto de renda das pessoas jurídicas*. São Paulo: Atlas, 2002.

____; HIGUCHI, Fabio Horoshi. *Imposto de renda das empresas*. 33. ed. São Paulo: Atlas, 2008.

____; ____; HIGUCHI, Celso Hiroyuki. *Imposto de renda das empresas*: interpretação e prática. 31. ed. atualiz. até 10/1/2006. São Paulo: IR Publicações, 2006.

____; ____; ____. *Imposto de renda das empresas*: interpretação e prática. 35. ed. São Paulo: IR Publicações, 2010.

____; ____; ____. *Imposto de renda das empresas*: interpretação e prática. 39. ed. São Paulo: IR Publicações, 2014.

IUDÍCIBUS, Sergio et al. *Manual de contabilidade societária*. São Paulo: Atlas, 2010.

JUSTEN FILHO, Marçal. Periodicidade do imposto de renda. *RDT*, São Paulo, n. 63, 2003.

JUSTO, Roberto; RODRIGUEZ, Marcela Albuquerque. Aspectos tributários e cambiais de investimentos no exterior. *Revista de Direito Bancário e do Mercado de Capitais*, São Paulo, ano 12, n. 43, p. 110-126, jan./mar. 2009.

LEONETTI, Carlos Araújo. *O imposto de renda como instrumento de justiça social no Brasil*. São Paulo: Manole, 2003.

MACHADO, Hugo de Brito. *Curso de direito tributário*. 25. ed. São Paulo: Malheiros, 2004.

____. O conceito legalista de renda. *Revista CEJ*, Brasília, ano 13, n. 47, p. 5-9, out./dez. 2009.

____. Disponibilidade jurídica como elemento do fato gerador do imposto de renda. *Revista Dialética de Direito Tributário*, São Paulo, n. 207, dez. 2012.

MAIA, Mary Elbe G. Queiroz. *Imposto sobre a renda e proventos de qualquer natureza*: princípios, conceitos, regra-matriz de incidência, mínimo existencial, retenção na fonte, renda transnacional, lançamento, apreciações críticas. São Paulo: Manole, 2004.

MARTINS, Ives Gandra da Silva (Coord.). *Estudos sobre o imposto de renda* (em memória de Henry Tilbery). São Paulo: Resenha Tributária, 1994.

MARTINS, Marcelo Guerra. Considerações em torno do aspecto temporal do imposto sobre a renda. *Revista CEJ*, Brasília, ano 9, n. 28, p. 84-89, jan./mar. 2005.

MILL, John Stuart. *Princípios de economia política*. São Paulo: Abril Cultural, 1983.

MORAES, Bernardo Ribeiro de. *Compêndio de direito tributário*. 4. ed. Rio de Janeiro: Forense, 1995. v. 1.

NASCIMENTO, Carlos Valder do. Isenção do imposto de renda dos trabalhadores em razão de doença grave. *Revista Fórum de Direito Tributário (RFDT)*, Belo Horizonte, ano 9, n. 51, p. 63-92, maio/jun. 2011.

PEDREIRA, José Luiz Bulhões. *Imposto de renda*. Rio de Janeiro: Justec, 1971.

PÊGAS, Paulo Henrique. *Manual de contabilidade tributária*. 7. ed. Rio de Janeiro: Freitas Bastos, 2011.

PEIXOTO, Marcelo Magalhães. O conceito constitucional de renda. *Revista Tributária e de Finanças Públicas*, São Paulo, ano 11, n. 52, p. 174-185, set./out. 2003.

PESSOA, Adriano Monte. A irretroatividade da norma tributária e o fato gerador do imposto de renda: uma abordagem de princípio. *Revista Tributária e de Finanças Públicas*, São Paulo, ano 11, n. 49, p. 80-114, mar./abr. 2003.

PINTO, Leonardo José Seixas. *Contabilidade tributária*. Curitiba: Juruá, 2011.

RAYA, Carrera. *Manual de derecho financiero*. Madri: Tecnos, 1993. v. 1.

ROCHA, Valdir de Oliveira (Coord.). *Imposto de renda*: questões atuais e emergentes. São Paulo: Dialética, 1999.

ROSA JR., Luiz Emygdio F. da. *Manual de direito financeiro e tributário*. 18. ed. rev. e atualiz. Rio de Janeiro: Renovar, 2005.

TAVOLARO, Agostinho Toffoli. Tributos e preços de transferência. In: SCHOUERI, Luís Eduardo; ROCHA, Valdir de Oliveira (Coord.). *Tributos e preços de transferência*. São Paulo: Dialética, 1999.

TOLEDO, Carlos José Teixeira de. Competência dos municípios na arrecadação do imposto de renda na fonte. *Boletim de Direito Municipal*, São Paulo, ano 19, n. 11, p. 775-778, nov. 2003.

TÔRRES, Heleno Taveira. *Pluritributação internacional*. São Paulo: RT, 2000.

_____. Garantias constitucionais aplicadas ao controle sobre preços de transferência (legalidade e uso de presunções no arbitramento da base de cálculo dos tributos, a partir do controle de preços de transferência. O direito ao emprego do melhor método. Um caso: Limites ao uso do PRL-60 na importação). In FISCHER, Octavio Campos (Coord.). *Tributos e direitos fundamentais*. São Paulo: Dialética, 2004.

TORRES, Ricardo Lobo. *Tratado de direito tributário brasileiro*: sistemas constitucionais tributários. Rio de Janeiro: Forense, 1986.

_____. *Normas de interpretação e integração do direito tributário*. 3. ed. rev. e atualiz. Rio de Janeiro: Renovar, 2000.

_____. *Curso de direito financeiro e tributário*. 9. ed. atualiz. até a publicação da Emenda Constitucional nº 33, de 11/12/2001 e da Lei Complementar nº 113, de 19/9/2001. Rio de Janeiro: Renovar, 2002.

_____. *Curso de direito financeiro e tributário*. 11. ed. atualiz. até a publicação da Emenda Constitucional nº 44, de 30/6/2004. Rio de Janeiro: Renovar, 2004.

XAVIER, Alberto. *Direito tributário internacional do Brasil*. 5. ed., 3. tir. Rio de Janeiro: Forense, 2002.

Organizadores

Na contínua busca pelo aperfeiçoamento de nossos programas, o Programa de Educação Continuada da FGV DIREITO RIO adotou o modelo de sucesso atualmente utilizado nos demais cursos de pós-graduação da Fundação Getulio Vargas, no qual o material didático é entregue ao aluno em formato de pequenos manuais. O referido modelo oferece ao aluno um material didático padronizado, de fácil manuseio e graficamente apropriado, contendo a compilação dos temas que serão abordados em sala de aula durante a realização da disciplina.

A organização dos materiais didáticos da FGV DIREITO RIO tem por finalidade oferecer o conteúdo de preparação prévia de nossos alunos para um melhor aproveitamento das aulas, tornando-as mais práticas e participativas.

Joaquim Falcão – diretor da FGV DIREITO RIO

Doutor em educação pela Université de Génève. *Master of Laws* (LL.M) pela Harvard University. Bacharel em direito pela Pontifícia Universidade Católica do Rio de Janeiro (PUC-Rio).

Diretor da Escola de Direito do Rio de Janeiro da Fundação Getulio Vargas (FGV DIREITO RIO).

Sérgio Guerra – vice-diretor de ensino, pesquisa e pós-graduação da FGV DIREITO RIO

Pós-doutor em administração pública pela Ebape/FGV. Doutor e mestre em direito. *Visiting researcher* na Yale Law School (2014). Coordenador do curso International Business Law – University of California (Irvine). Editor da *Revista de Direito Administrativo* (RDA). Consultor jurídico da OAB/RJ (Comissão de Direito Administrativo). Professor titular de direito administrativo, coordenador do mestrado em direito da regulação e vice-diretor de ensino, pesquisa e pós-graduação da FGV DIREITO RIO.

Rafael Alves de Almeida – coordenador da pós-graduação *lato sensu* da FGV DIREITO RIO

Doutor em políticas públicas, estratégias e desenvolvimento pelo Instituto de Economia da Universidade Federal do Rio de Janeiro (UFRJ). *Master of Laws* (LL.M) em *international business law* pela London School of Economics and Political Science (LSE). Mestre em regulação e concorrência pela Universidade Candido Mendes (Ucam). Formado pela Escola de Magistratura do Estado do Rio de Janeiro (Emerj). Bacharel em direito pela UFRJ e em economia pela Ucam.

Colaboradores

Os cursos de pós-graduação da FGV DIREITO RIO foram realizados graças a um conjunto de pessoas que se empenhou para que eles fossem um sucesso. Nesse conjunto bastante heterogêneo, não poderíamos deixar de mencionar a contribuição especial de nossos professores e assistentes de pesquisa em compartilhar seu conhecimento sobre questões relevantes ao direito. A FGV DIREITO RIO conta com um corpo de professores altamente qualificado que acompanha os trabalhos produzidos pelos assistentes de pesquisa envolvidos em meios acadêmicos diversos, parceria que resulta em uma base didática coerente com os programas apresentados.

Nosso especial agradecimento aos colaboradores da FGV DIREITO RIO que participaram deste projeto:

Artur Diego Amorim Vieira

Doutorando e mestre em direito. Servidor público municipal lotado na Procuradoria Geral do Município do Rio de Janeiro. Assistente de ensino e de pesquisa nos cursos de pós-graduação da FGV DIREITO RIO. Graduado em direito pela Universidade Candido Mendes (Ucam). Tem experiência na área de direito, com ênfase em direito processual civil.

Bruno Curi

Advogado tributarista. Mestre em ciências jurídicas e sociais pela Universidade Federal Fluminense (UFF). Especialista em direito tributário pelo Instituto Brasileiro de Estudos Tributários (Ibet/Rio).

Eliana Pulcinelli

Mestre em direito público e doutoranda em direito pela Universidade Estácio de Sá (Unesa). Pós-graduada em direito administrativo. Professora de direito tributário (FGV Law Program).

Flávia Holanda

Mestre e doutoranda em direito tributário pela Pontifícia Universidade Católica de São Paulo (PUC-SP). Especialista em direito internacional tributário pela Universidad de Salamanca (Usal, Espanha). Professora conferencista convidada nos seminários de filosofia do direito da Universidad San Pablo (CEU, Madri). Professora conferencista no LL.M em direito empresarial e direito tributário da FGV. Professora conferencista do curso de especialização em direito tributário da PUC-SP (Coordenadoria Geral de Especialização, Aperfeiçoamento e Extensão – Cogeae). Professora conferencista no curso de especialização em direito tributário do Instituto Brasileiro de Estudos Tributários (Ibet). Membro da Comissão de Bitributação da Câmara de Comércio

Brasil-Canadá (CCBC). Representante no Nordeste da Câmara de Comércio Brasil-Holanda (Dutcham). Graduada em direito pela Universidade Federal de Alagoas (Ufal).

Gabriel Fiuza Couto

Formado pela Faculdade Nacional de Direito da Universidade Federal do Rio de Janeiro (UFRJ). Graduando em ciências contábeis pela Universidade do Sul de Santa Catarina (Unisul). Pós-graduando (LL.M) em direito tributário pela FGV. Atua como pesquisador e assistente de ensino nas disciplinas de contabilidade e direito tributário das pós-graduações da FGV DIREITO RIO. Advogado associado de Chediak Advogados.

Janssen Murayama

Advogado tributarista. Bacharel em direito e em ciências contábeis pela Universidade do Estado do Rio de Janeiro (Uerj). Pós-graduado em direito tributário pelo Instituto Brasileiro de Estudos Tributários (Ibet). Mestre em direito na linha de pesquisa de finanças públicas, tributação e desenvolvimento pela Uerj.

Leonardo Ribeiro Pessoa

Advogado especializado em direito empresarial e tributário. Mestre em direito empresarial e tributário pela Universidade Candido Mendes (Ucam). Pós-graduado no MBA em gestão empresarial em tributação e contabilidade pela Universidade Federal Fluminense (UFF). Pós-graduado em direito tributário e legislação de impostos pela Universidade Estácio de Sá (Unesa). Pós-graduado em docência do ensino superior pela Ucam. Pós-graduado em direito civil e processo civil pela Universidade Estácio de Sá (Unesa). Professor convidado do FGV Law Program FGV. Pesquisador da FGV. Professor de direito empresarial e tributário em diversas instituições de ensino no Brasil. Conselheiro do Conselho Empresarial de Assuntos Jurídicos da Associação Comercial do Rio de Janeiro. Foi superintendente jurídico da Federação do Comércio do Estado do Rio de Janeiro, além de exercer cargo de gerente jurídico em empresas nacionais. Membro da Academia Brasileira de Direito Tributário (ABDT). Afiliado à Associação Brasileira de Direito Tributário (Abradt). Sócio-pleno da Associação Brasileira de Direito Financeiro (ABDF). Associado *master* da Associação Paulista de Estudos Tributários (Apet). Sócio-professor do Instituto Brasileiro de Planejamento Tributário (IBPT). Membro da International Fiscal Association (IFA).

Leticia de Santis Mendes de Farias Mello

Desembargadora federal do Tribunal Regional Federal (TRF) da Quarta Região, integrante da Quarta Turma Especializada em direito tributário. Membro da Associação Brasileira de Direito Financeiro (ABDF) e da International Fiscal Association (IFA).

Marcos André Vinhas Catão

Professor de direito financeiro e tributário da FGV DIREITO RIO. Coordenador do curso de Fiscalidad Internacional Latinoamericana da Universidad Complutense de Madrid (Espanha). Doutor em direito público pela Universidade San Pablo (CEU, Madri). Mestre em direito tributário pela Universidade Candido Mendes (Ucam). Membro do General Council e do Permanent Scientific Comittee da International Fiscal Association (IFA). Diretor da Associação Brasileira de Direito Financeiro (ABDF).

Omar de Azevedo Teixeira

Formado pela Universidade Federal do Rio de Janeiro (UFRJ). Especialista em direito tributário pelo Instituto Brasileiro de Estudos Tributários (Ibet). MBA em gestão empresarial em tributação e contabilidade pela Universidade Federal Fluminense (UFF). Cursando ciências contábeis na Pontifícia Universidade Católica de Minas Gerais (PUC Minas).

Pedro Anan Júnior

Master of business administration – controller (MBA – Controller) pela Faculdade de Economia, Administração e Contabilidade da Universidade de São Paulo (FEA/USP). Especialista em direito empresarial pela Pontifícia Universidade Católica de São Paulo (PUC-SP). Foi membro da Segunda Turma da Segunda Câmara da Segunda Seção do Conselho Administrativo de Recursos Fiscais (Carf). Foi juiz substituto do Tribunal de Impostos e Taxas de São Paulo e conselheiro do Conselho Municipal de Tributos do Município de São Paulo. Advogado em São Paulo. Professor de direito tributário em: FGV, Fundação Armando Alvares Penteado (Faap), Escola Paulista de Direito (EPD), Associação Paulista de Estudos Tributários (Apet) Anhanguera, LFG, Fucape Business School e Fundação para Pesquisa e Desenvolvimento da Administração, Contabilidade e Economia (Fundace).

Rafael Dinoá Mann Medeiros

Advogado tributarista e contador. *Master of laws* (LL.M.) em direito tributário internacional pela Leiden Universiteit (Holanda). Mestrando em contabilidade tributária pela Fucape Business School.

Rafael Fuso

Advogado, mestre e doutorando em direito tributário pela Pontifícia Universidade Católica de São Paulo (PUC-SP). Conselheiro titular da Primeira Seção do Conselho Administrativo de Recursos Fiscais (Carf). Professor dos cursos de pós-graduação em direito tributário da FGV São Paulo e Rio de Janeiro, e nas faculdades de Direito e de Economia, Administração e Contabilidade da Universidade de São Paulo (USP).

Raphael Silva

Advogado tributarista e contador. Especialista em preços de transferência. Diretor da PricewaterhouseCoopers.

Richard Edward Dotoli Ferreira

Advogado tributarista. Doutorando em direito tributário pela Universidade do Estado do Rio de Janeiro (Uerj). Mestre em direito tributário pela Universidade Candido Mendes (Ucam). Pós-graduado em direito da empresa e da economia pela FGV. Professor de direito tributário nos cursos de pós-graduação da FGV. Professor da pós-graduação em direito financeiro e tributário da Universidade Federal Fluminense (UFF).

Tatiana Costa Alves Freu

Advogada com atuação na área tributária. Pós-graduada em direito tributário pela FGV. Formada pela Universidade Federal do Rio de Janeiro (UFRJ).

Thadeu Soares Gorgita Barbosa

Advogado tributarista. Pós-graduado em direito tributário e financeiro pela Universidade Federal Fluminense (UFF). Pós-graduado em direito público e tributário pela Universidade Candido Mendes (Ucam). Assistente de pesquisa do LL.M em direito tributário da FGV DIREITO RIO.

Vânia Maria Castro de Azevedo

Pós-graduanda em língua portuguesa pela Universidade do Estado do Rio de Janeiro (Uerj). Graduada em comunicação social, com habilitação em jornalismo pelas Faculdades Integradas Hélio Alonso (Facha). Especializada em *publishing management: o negócio do livro* pela FGV. Atua no mercado editorial como copidesque e revisora de livros técnicos e científicos e, atualmente, como revisora do material didático dos cursos de extensão e especialização da FGV DIREITO RIO.

Este livro foi impresso nas oficinas gráficas da Editora Vozes Ltda.,
Rua Frei Luís, 100 – Petrópolis, RJ.